ABI ab 2023

Auf einen Blick

Gemeinschaftskunde

Baden-Württemberg

STARK

Quellennachweis

S. 4: veränderte Darstellung nach Erik Wright, 1985, Übersetzung in Stefan Hradil: Soziale Ungleichheit in Deutschland, VS Verlag für Sozialwissenschaften, 2001
S. 4: VS-Verlag: Geißler, Die Sozialstruktur Deutschlands, 4. Auflage, 2006, S. 98.
S. 4: SINUS-Institut, Heidelberg 2015
S. 4: Ralf Dahrendorf: Gesellschaft und Demokratie in Deutschland, Piper Verlag, München 1963, S. 105.
S. 16: Böckler Impuls 7/2010, Hans-Böckler-Stiftung

www.stark-verlag.de

Inhalt

Die **Inhaltsfelder des Abiturs im Fach Gemeinschaftskunde** sind breit gestreut. Es ist daher nicht immer leicht, den Überblick zu behalten. Ihnen dabei zu helfen, ist das Hauptanliegen des vorliegenden Büchleins, das nach dem Doppelseiten-Prinzip aufgebaut ist.

- **Alle Themenbereiche** werden auf jeweils zwei Seiten in knappen Stichpunkten sehr übersichtlich dargestellt.
- Jedes Thema beginnt mit einem **Schaubild**, das ein schnelles Erfassen wichtiger Punkte ermöglicht und zentrale Merkmale veranschaulicht.
- **Kurze Hinweise („Übrigens…")** neben jedem Schaubild beziehen sich jeweils auf wissenswerte und interessante Zusatzinformationen.
- Die **Gliederung** des Büchleins folgt den inhaltlichen Schwerpunkten des Lehrplans, um eine zielgerichtete Vorbereitung auf das Abitur zu gewährleisten:
  - Das erste Kapitel umfasst den Bereich **Gesellschaft**, dabei werden Themen wie Sozialstaat, Verteilungspolitik, Einwanderung und Integration sowie Bildungspolitik besprochen. Auch auf verschiedene soziale Milieus, Gerechtigkeitstheorien und den sozialen Wandel wird eingegangen.
  - Das zweite Kapitel umfasst das vielschichtige Thema **Politisches System**. Dabei werden zunächst die Themen wie Demokratie, Herrschaftsformen und Legitimation von Herrschaft dargestellt. Anschließend wird das politische System der Bundesrepublik Deutschland besprochen und mit ihm Themen wie Wahlen, Parteien und Pluralismus. Themenblöcke zu Partizipation, Medien und Lobbyismus runden den Bereich Politisches System ab.

Der STARK Verlag wünscht Ihnen bei der Arbeit mit dem Buch viel Freude und für das Abitur viel Erfolg!

Auf einen Blick

Modelle gesellschaftlicher Ungleichheit

Klassen-Modell nach Erik Wright

Ausstattung mit Organisationsmacht ↑	Besitz an Produktionsmitteln	Nichtbesitz an Produktionsmitteln (Lohnarbeit)		
	Bürgertum (Bourgeoisie)	fachlich qualifizierte Manager	fachlich teilweise qualifizierte Manager	fachlich nicht qualifizierte Manager
	Kleine Arbeitgeber	fachlich qualifizierte Aufsichtspersonen	fachlich teilweise qualifizierte Aufsichtspersonen	fachlich nicht qualifizierte Aufsichtspersonen
	Kleinbürger	fachlich qualifizierte Nichtmanager	fachlich teilweise qualifizierte Nichtmanager	„Proletarier" (Arbeiterklasse)

← Ausstattung mit Qualifikation

Die Sinus-Milieus

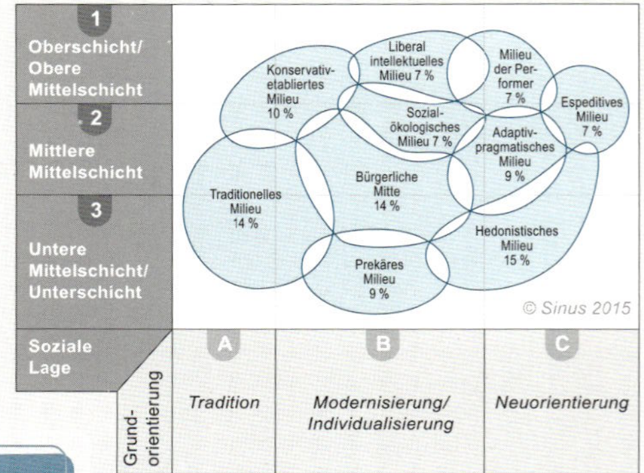

Zwiebel-Modell von Karl Martin Bolte

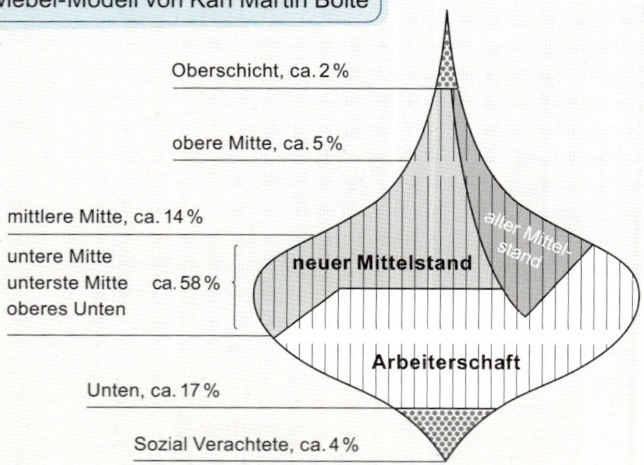

Haus-Modell von Ralf Dahrendorf

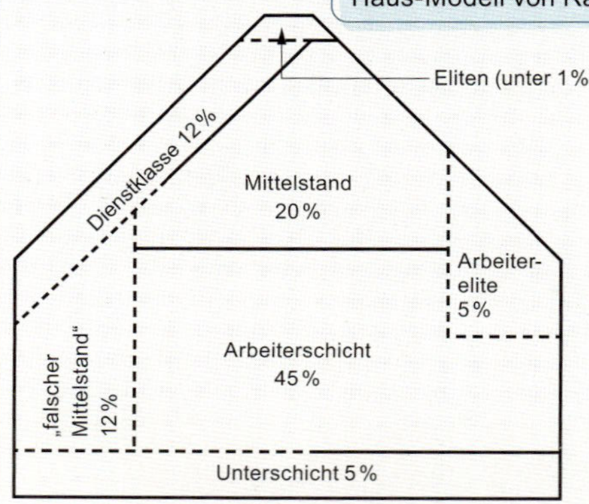

Übrigens … Die Bezeichnung „falscher Mittelstand" bezeichnet Berufsgruppen aus dem tertiären Sektor, die sich kaum von der mittleren Arbeiterschaft unterscheiden, sich selbst aber der Mittelschicht zugehörig fühlen.

Klassenmodelle

- Modelle zur Sozialstrukturanalyse mit **Gruppen/Klassen** und **Hierarchien**
- Basis der Klassenmodelle: Einteilung in zwei **unversöhnliche Klassen** nach **Karl Marx:** Bourgeoisie (Besitzbürger) und Proletarier (Lohnabhängige); Klassenkämpfe; Weitergabe der sozialen Ungleichheit von Generation zu Generation
- moderner Vertreter eines Klassenmodells: **Erik Wright**

Schichtmodelle

- **Schichten:** Statusgruppen, die hauptsächlich **vertikal** angeordnet sind
- entscheidendster Indikator: **Beruf** → steht für materiellen Wohlstand, Prestige, Macht
- Vertreter: Karl Martin Bolte **(Zwiebelmodell)**
  - Kriterien zur Schichtenbildung: Beruf, Einkommen, Schulbildung
  - Schichten relativ fix (wenig Durchlässigkeit)
- Vertreter: Ralf Dahrendorf **(Haus-Modell)**
  - Kriterien zur Schichtenbildung: Beruf, Einkommen
  - sieben Schichten, die relativ flexibel sind (die Wände des Hauses sind durchlässig)
- Vertreter: Rainer Geißler **(Haus-Modell)**
  - Modernisierung und Erweiterung des Dahrendorf-Modells, Ergänzung um Ausländerschichten

Milieumodelle

- erfassen **horizontale** und **vertikale Dimensionen** der Ungleichheit
- im Mittelpunkt: **soziokulturelle Orientierung**
- Einteilung in soziale Milieus: stehen für die Bedingungen, unter denen Bevölkerungsgruppen leben: z. B. Normen, Lebensweise, Berufsstatus → alle Faktoren beeinflussen den Lebensstil
- Vertreter: Sinus-Institut **(Sinus-Milieus)**
  - Einsortierung in Koordinatensystem mit den Achsen „Soziale Lage“ und „Grundorientierung“
  - Beispiele für Extreme: **expeditives Milieu** (hohe soziale Lage/gehobenes Einkommen und unkonventionelle Grundorientierung/Grenzen überwinden); **traditionelles Milieu** (mittlere soziale Lage/Mittelschicht und traditionsgebundene Grundeinstellung)

Modell der Exklusion und Inklusion

- **keine vertikale Differenzierung** der Gesellschaft in „oben“ und „unten“, sondern in die **Pole** „**drinnen**“ und „**draußen**“
- **soziale Ungleichheit** als **Folge** der **Spaltung** der Gesellschaft: es gibt **Zugehörige**, **Ausgeschlossenen** und an der **Rand Gedrängte** → Exklusion ist eine Folge von z. B. Arbeitslosigkeit, Armut, räumlicher Ausgrenzung
- Erweiterung zum **Drei-Zonen-Konzept** möglich: zwischen „drinnen“ und „draußen“ gibt es das **Prekariat**

Entstrukturierungsthese

- steht für eine Veränderung von Strukturen und eine **Auflösung von Schicht- und Klassengrenzen** → während eines Lebens kann es zu Statusschwankungen kommen
- insgesamt Anstieg der **Lebensverhältnisse** (Ulrich Beck: **Fahrstuhleffekt**)
- **Problem**: soziale Ungleichheit nimmt durch **Entstrukturierung** nicht unbedingt ab → „neue“ soziale Ungleichheit (z. B. Möglichkeiten zur Altersvorsorge, verfügbare Netzwerke)

Auf einen Blick

Übrigens … Norwegen gilt als das gerechteste Land der Welt, gefolgt von den weiteren skandinavischen Ländern.

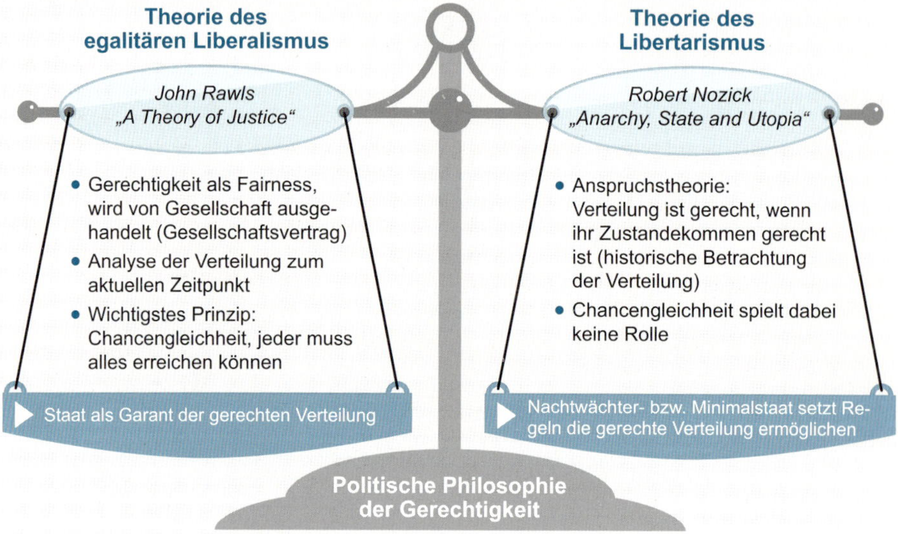

Gerechtigkeitstheorien

- **soziale Gerechtigkeit:** angemessener Ausgleich von Interessen; gerechte Verteilung von Ressourcen und Möglichkeiten
- verschiedene Gerechtigkeitsbegriffe als Grundlage für die Ausgestaltung des Sozialstaates:
  - **absolute Gerechtigkeit:** Gleichstellung aller Menschen in jeder Hinsicht (z. B. Art. 3 Abs. 1 GG „*Alle Menschen sind vor dem Gesetz gleich*")
  - **relative Gerechtigkeit (Verteilungsgerechtigkeit):** Befürwortung von Ungleichverteilung unter bestimmten Voraussetzungen (z. B. Mehrleistung → Mehreinkommen)
- Zusammenhang zwischen Bedarfsgerechtigkeit und Leistungsgerechtigkeit:
  - in der primären Einkommensverteilung steht **Leistungsgerechtigkeit** im Vordergrund (Ursache sozialer Ungleichheit ist Leistung und Anstrengung und kann dadurch begründet werden)
  - Korrektur entstehender Ungleichheiten entsprechend dem **Bedarfsprinzip** durch eine sekundäre Einkommensverteilung (z. B. Steuersystem)
- weitere Aspekte von Gerechtigkeit:
  - **Generationengerechtigkeit:** unterschiedliche Folgen für die verschiedenen Generationen (z. B. Umgang mit der Umwelt heute → Folgen für kommende Generationen)
  - **Chancengerechtigkeit:** gleiche Startchancen für jeden; dazu wird versucht, Diskriminierung einzudämmen und Benachteiligte zu fördern
  - **Gleichheitsgerechtigkeit:** Streben nach möglichst gleicher Verteilung von Gütern und Lasten; in abgeschwächter Form werden gewisse Bandbreiten der Ungleichheit akzeptiert

Soziale Gerechtigkeit, Gleichheit und Freiheit

Verschiedene Ideologien

- **Egalitarismus:** Ideologie mit dem Ziel, in staatlichen Gesellschaften soziale Gleichheit zu etablieren; dabei können zwei Richtungen unterschieden werden: die eine zielt auf Gleichheit im Besitz, die andere auf Chancengleichheit für jedes Individuum; die Idee einer ökonomischen, politischen oder kulturellen Elite steht im Widerspruch zur Idee des Egalitarismus
- **Liberalismus:** Ideologie mit dem Ziel der Freiheit für das Individuum gegenüber staatlicher Regierungsgewalt; man unterscheidet verschiedene Richtungen wie Verfassungsliberalismus, Wirtschaftsliberalismus oder sozialen Liberalismus (Linksliberalismus); eine Sonderform nimmt der egalitäre Liberalismus ein (siehe unten)
- **Libertarismus:** Ideologie, die die absolute Freiheit des Individuums als höchstes Ziel definiert; sie ist skeptisch gegenüber staatlicher Macht und Autorität; extreme Vertreter lehnen Staatlichkeit ganz ab; in Gerechtigkeitsfragen wendet sich die Ideologie gegen jede Art der Umverteilung und propagiert einen Minimalstaat (siehe unten)

Bedeutende Theorien der politischen Philosophie

John Rawls: A Theory of Justice (1971):
US-amerikanischer politischer Philosoph und Vertreter des egalitären Liberalismus

- Theorie der sozialen Gerechtigkeit: **Gerechtigkeit als Fairness**
- Gedankenexperiment: Idee eines Gesellschaftsvertrags, der von Menschen unter dem **„Schleier des Nichtwissens"** ausgehandelt wird
  - Rawls meint damit, dass niemand seinen Einkommens- und Vermögensstand sowie seine kognitiven und physischen Fähigkeiten kennt
  - ein unter diesen Voraussetzungen ausgehandelter Gesellschaftsvertrag ist fair und führt zu Chancengleichheit
- zwei Grundsätze der Gerechtigkeit:
  - umfangreiches Gesamtsystem an Grundfreiheiten (Wahlrecht, Recht auf Eigentum, Gewissensfreiheit etc.) steht jedem zu und muss jedem möglich sein
  - soziale und wirtschaftliche Ungleichheit kann auftreten, ist aber nur dann gerecht, wenn sie auch dem bzw. der Schlechtestgestellten einen Vorteil bringt (Unterschiedsprinzip) und mit Positionen zusammenhängt, die alle erreichen können (Chancengleichheit)
- Rawls' Theorie betrachtet die **Struktur der Verteilung** zum gegenwärtigen Zeitpunkt; wie es zur Verteilung kam (historische Perspektive), wird nicht beachtet

Robert Nozick: Anarchy, State and Utopia (1974):
US-amerikanischer Philosoph und Vertreter des Libertarismus

- **Anspruchstheorie:** eine Verteilung ist gerecht, wenn jeder legitimen Anspruch auf seinen Besitz hat
- Nozick argumentiert aus einer **historischen Perspektive:** nur das **Zustandekommen** einer Verteilung wird betrachtet
- er plädiert daher für einen **Nachtwächter-** bzw. **Minimalstaat:** nur die Regeln, die die gerechte Aneignung von Besitz und damit die gerechte Verteilung ermöglichen, sind Aufgabe des Staates

Auf einen Blick

Übrigens … Um den Einfluss der jungen Generation zu erhöhen, wird eine Absenkung des Wahlalters auf 16 Jahre diskutiert.

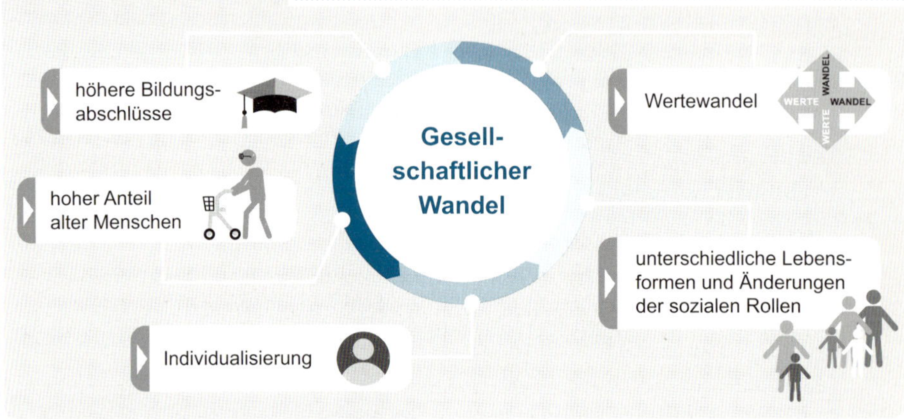

Wandel gesellschaftlicher Strukturen

Pluralisierung der Lebensformen

- geringere Bedeutung der **klassischen Familie**
- bedeutende Veränderungen
  - Verdopplung des Anteils der **Einpersonenhaushalte** seit den 1960er-Jahren
  - Anzahl der **Haushalte mit fünf oder mehr Personen** stark gesunken
  - starker Rückgang der **Eheschließungen** (1950: ca. 750 000, 2021: ca. 360 000)
  - starker Anstieg des **Heiratsalters** (Frauen: 1991 = 26,1 Jahre; 2020 = 32,4 Jahre; Männer: 1991 = 28,5 Jahre; 2020 = 34,9 Jahre) und der Zeit, in der Jugendliche **zu Hause wohnen**
  - breite Akzeptanz von Lebensformen wie **Wohngemeinschaften**, **gleichgeschlechtlichen Partnerschaften**, **Alleinerziehenden** und **Patchwork-Familien**
- Wandel in der Familienstruktur: Entwicklung zu mehr **Gleichstellung** aller Familienmitglieder

Entwicklung der sozialen Rollen

- veränderte **Geschlechterrollen**
- weniger strikte Unterscheidung zwischen **rein weiblichen** (Mutter und Hausfrau) und **rein männlichen** (Ernährer) Aufgaben
- **Individualisierungsprozesse:** jeder Mensch kann seine Rolle individuell ausgestalten
- **Herausforderung:** die Frau soll nach Möglichkeit auch **beruflich erfolgreich** sein und von den Männern wird zunehmender **Einsatz für die Familie** in Form von Kinderbetreuung, Hausarbeit usw. gefordert → Gefahr der **Überforderung!**
- Unterstützung der **Vereinbarkeit von Familie und Beruf** durch die Politik: z. B. Elterngeld, Kita-Ausbau, Ganztagsbetreuung usw.
- Unterstützung der **Entwicklung der Gleichberechtigung** durch die Politik: z. B. Frauenquote in Großunternehmen

Wertewandel

- Nachkriegsgeneration durch **Mangelsituation** geprägt; je länger die Mangelerfahrung zurückliegt, desto mehr entwickeln sich die Werte in Richtung **Postmaterialismus**
- **Theorie von Ronald Inglehart**
  - sieht als Basis die **Bedürfnispyramide von Maslow** → Streben nach Anerkennung und Selbstverwirklichung erst nach Befriedigung grundlegender Bedürfnisse
  - Annahme: **Lebensumstände**, in denen ein Mensch aufwächst, haben starken Einfluss auf seine Einstellung → jemand, der tendenziell Mangel zu befürchten hatte, legt den Fokus eher auf materielle Dinge, wohingegen Menschen, denen es in der Jugend an nichts fehlte, zu **postmaterialistischen Werten** neigen

Demographischer Wandel

- Anstieg des durchschnittlichen Lebensalters in Deutschland **(sinkende Mortalität)** und gleichzeitiger **Geburtenrückgang** → **Problem für das Sozialsystem** (Gefahr für Generationenvertrag): immer mehr Menschen, die unterstützt werden müssen, kommen auf immer weniger Einzahler
- **Fertilitätsrate:** eine Frau in Deutschland müsste 2,1 Kinder bekommen, damit die Bevölkerungszahl konstant bleibt (Istwert: ca. 1,5 Kinder)
- **Einflussfaktoren auf den Geburtenrückgang**
  - höhere Erwerbstätigkeit der Frau (Emanzipation)
  - Verzicht auf Kinder zugunsten eines höheren Wohlstands
  - zu wenig Kinderbetreuungsplätze
  - gestiegene Ansprüche an die Elternrolle
  - zunehmende Akzeptanz von Kinderlosigkeit
- **Veränderungen in der Bedürfnisstruktur:** z. B. mehr Bedarf im medizinischen Bereich
- **hoher Einfluss der älteren Generation:** z. B. hohe Anzahl an **Wählerstimmen**
- **Fachkräftemangel:** zu wenig Nachwuchs an Fachkräften → Lösungsstrategie: Zuzug von Fachkräften; **aber:** Gefahr des **Braindrain** in den Herkunftsländern (= Abwanderung der Intelligenz)
- **positive Folgen** des demographischen Wandels und der niedrigen Geburtenrate
  - vermehrte Möglichkeiten zur **Erwerbstätigkeit von Frauen**
  - gute Aussichten für **junge qualifizierte Arbeitnehmer** (niedriger Bürgerkriegsindex = weniger Konfliktpotenzial, da mehr Menschen in Rente gehen als ins Berufsleben eintreten)

Individualisierung

- **Individualisierungsthese** des Soziologen **Ulrich Beck:** Pflicht zum **eigenständigen Handeln** durch mehr Wohlstand, Freizeit, Bildung und Mobilität → gewisser Zwang zur aktiven Lebensgestaltung **(Bastelbiographie)**
- **weniger strikte Regeln** durch Familie, Religion, Gemeinde usw.
  → Gefahr des Orientierungsverlustes
- **Freisetzungsdimension** (immer mehr Freiheiten) steht **Entzauberungsdimension** gegenüber (Verlust an traditionellen Sicherheiten/Handlungswissen)
- neue Zwänge für den Einzelnen durch **sekundäre Instanzen:** gesetzliche Regelungen, Märkte, Verwaltungseinheiten usw.

Auf einen Blick

Der Sozialstaat Deutschland

Sozialer Ausgleich

Soziale Sicherung

> ***Übrigens …***
> *Das Grundgesetz ist die Verfassung Deutschlands. Es wurde am 8. Mai 1949 vom Parlamentarischen Rat mit 53 zu 12 Stimmen beschlossen.*

Sozialstaatsprinzip

- Sozialstaat: Ausrichtung auf **soziale Sicherheit** und **soziale Gerechtigkeit**
  → **Deutschland** ist ein Sozialstaat (Art. 20 Abs. 1 GG)

Handlungsgrundlagen

- **Sozialstaatsprinzip**
  – Art. 20 Abs. 1 GG: Deutschland als demokratischer und sozialer Bundesstaat
  – Art. 28 Abs. 1 GG: Deutschland als sozialer Rechtsstaat
- **soziale Grundwerte**
  – Art. 1 Abs. 1 GG: Achtung der **Menschenwürde**
  – Art. 14 Abs. 1,2 GG: Sozialbindung des **Eigentums**
  – Art. 3 GG: **Gleichheitsgrundsatz** aller Menschen
  – Art. 6 GG: Schutz von **Familie**, **Ehe**, **Mutterschaft** und **unehelichen Kindern**

Ziele des Sozialstaates

- **sozialer Ausgleich**
  – Unterschied zwischen Arm und Reich ausgleichen: z. B. progressives Steuersystem
- **soziale Sicherung**
  – Existenzgrundlage aller Bürger*innen sichern: z. B. BAföG, Krankenversicherung
- **politische, gesellschaftliche und wirtschaftliche Teilhabe**
  – Teilhabe aller Bürger*innen in allen Bereichen gewährleisten
- **sozialer Frieden**
  – durch Ausgleich und Umverteilung soziale Konflikte verhindern und sozialen Frieden sichern
- **wirtschaftliche Stabilisierung**
  – durch Ausgleich und Bekämpfung von Arbeitslosigkeit wirtschaftliche Stabilität gewährleisten

Soziale Sicherung

- größter Posten auf der Ausgabenseite des Bundeshaushalts → Arbeit und Soziales: 41 %

Prinzipien der sozialen Sicherung

- **Solidaritätsprinzip:** alle Mitglieder der Sozialgemeinschaft helfen zusammen

- **Subsidiaritätsprinzip:** zunächst ist immer der Einzelne/die Familie verantwortlich, nur wo dies nicht ausreicht, greift die nächsthöhere Ebene ein
- **soziales Netz:** System sozialpolitischer Maßnahmen, um soziale Abstürze zu verhindern
- **Versicherungs-, Versorgungs- und Fürsorgeprinzip**
  - Versicherungsprinzip: Finanzierung durch **Beiträge**, Zahlung für **Mitglieder** im Falle eines **Versicherungsfalls** (z. B. Sozialversicherung)
  - Versorgungsprinzip: Finanzierung durch **Steuermittel**, Zahlung an Personen, die **Opfer/Leistungen für die Gemeinschaft** erbracht haben, bei Vorliegen bestimmter gesetzlicher Merkmale (z. B. Beamtenversorgung, Kriegsopferversorgung)
  - Fürsorgeprinzip: Finanzierung durch **Steuermittel**, Zahlung bei **Bedürftigkeit** (z. B. ALG II)

Sozialversicherung

- Abgaben zur Sozialversicherung fließen in **verschiedene Versicherungen**
  - **Rentenversicherung:** 18,6 % vom Bruttoverdienst
  - **gesetzliche Krankenversicherung:** 14,6 % vom Bruttoverdienst + Zusatzbeitrag
  - **Pflegeversicherung:** 3,05 % vom Bruttoverdienst
  - **Arbeitslosenversicherung:** 2,4 % vom Bruttoverdienst
  - **Unfallversicherung:** Pflichtbeiträge nach Gefahrenklasse, Betriebsklasse usw.

Sozialhilfe

- übernimmt **Grundsicherung**, um **Existenzminimum** zu garantieren
- Regelbedarf (Höhe der Sozialhilfe): wird gesetzlich festgelegt und jährlich angepasst
- Beispiele für Fälle, in denen Sozialhilfe bezahlt wird
  - **Hilfe zum Lebensunterhalt** bei Menschen ohne Anspruch auf Rente oder ALG II
  - **Eingliederungshilfe** für behinderte Menschen
  - Übernahme von **Pflegekosten**

Arbeitslosengeld II

- **Grundsicherung** nach dem vierten Gesetz für moderne Dienstleistungen am Arbeitsmarkt
- **Berechtigte:** Personen, die **erwerbsfähig** sind, ihren Lebensunterhalt aber nicht selbst stemmen können (anstelle von Sozialhilfe)
- **wichtig:** Arbeitslosigkeit oder der Bezug von ALG I sind **keine** Voraussetzungen
- **Träger:** Agentur für Arbeit (z. B. Regelleistung), kreisfreie Städte und Kommunen (z. B. Kosten für Heizung und Unterkunft)
- Regelbedarf: wird jährlich neu festgesetzt
  - Beispiele für das Jahr 2020: Alleinstehend/Alleinerziehend: 432 €, Jugendliche vom 15. bis Vollendung des 18. Lebensjahres: 328 €

Sozialbudget

- umfasst alle **finanziellen Kennziffern** zu den Sozialleistungen
- **Bericht:** wird jährlich von der Bundesregierung erstellt
- **Entwicklung Sozialleistungsquote** (Anteil der sozialen Leistungen am BIP): 1960 = 18,3 %; 2019 = 30,3 %

Finanzierung der Sozialleistungen

- zweigliedriges System: **Unternehmen** und **Haushalte** finanzieren als Steuer- und Beitragszahler
- **staatliche Zuschüsse** sind möglich (z. B. Rentenversicherung)

Auf einen Blick

Übrigens …

2018 bezogen durchschnittlich 4 141 331 Personen in Deutschland Hartz IV.

Sozialstaat in der Diskussion

Kosten der Sozialleistungen

- Kosten für den Sozialstaat **steigen** → Wer kommt für die Mehrkosten auf?
- **Diskussion** über Finanzierung trotz **grundsätzlichem Konsens**, dass Sozialstaat den sozialen Frieden sichert (z. B. Verteilungskonflikt zwischen Arbeitnehmern und Arbeitgebern)
  - aus Sicht der **Arbeitnehmer:** geringere Kaufkraft durch steigende Sozialbeiträge → sinkende Konsumneigung
  - aus Sicht der **Arbeitgeber:** steigende Sozialabgaben als Kostenfaktor für Unternehmen → Umlage auf Preise möglich/nötig → geringere Konkurrenzfähigkeit
- **Beteiligung des Staates:** Verhinderung eines Anstiegs der Sozialabgaben durch **Zuschuss** (Steuergelder) → z. B. über 30 % der Rentenversicherung sind Zuschüsse
- **Einflussfaktoren** auf die Finanzierung des Sozialstaates
  - **demografischer Wandel:** je mehr ältere Menschen, desto mehr Rentenansprüche (höherer Unterstützungsquotient) → „Generationenvertrag" in Gefahr
  - **weitere Sozialversicherungen:** ältere Menschen brauchen mehr Krankenversorgung und Pflege → Kosten/Abgaben für Kranken- und Pflegeversicherung steigen
  - **Arbeitsmarktentwicklung:** Gefährdung der Finanzierung des Sozialstaates durch hohe Arbeitslosigkeit (v. a. Ende des 20. Jahrhunderts) oder geringfügige Beschäftigung

Legitimationskrise

- Legitimationskrise Ende des 20. Jahrhunderts durch **ansteigende Kosten**
- **Reformprozess** unter Gerhard Schröder, der in nahezu allen gesellschaftlichen Bereichen für Veränderungen sorgte: Agenda 2010

Reform des Sozialstaates

- **Agenda 2010:** weitreichende Veränderungen im Bereich der Renten-, Gesundheits-, Familien-, Arbeitsmarkt- und Bildungspolitik (Verkündung: 2003 durch **Bundeskanzler Schröder**)
- Motto: **Fördern und Fordern** → die Betroffenen sollen aus der Passivität geführt werden
- Beispiele für Lösungsansätze

  - **Kosten allgemein:** z. B. höhere Selbstbeteiligung, mehr Eigenvorsorge
  - **Rentenversicherung:** z. B. Nullrunden, Förderung von privater Vorsorge (Riester)
  - **Kranken-/Pflegeversicherung:** z. B. höhere Zuzahlungen zu Medikamenten, Zuschlag für Kinderlose zur Pflegeversicherung
  - **Arbeitslosenversicherung:** z. B. Lockerung des Kündigungsschutzes, Kürzung der Bezugsdauer bestimmter Sozialleistungen wie ALG I, Ausbau des sog. zweiten Arbeitsmarktes
  - **sinkende Geburtenrate:** z. B. Einführung von Steuervergünstigungen für die Kinderbetreuung, Ausbau der Kita-Plätze
- schrittweises Inkrafttreten der Hartz-Gesetze
  - **Hartz I** (ab 1.1.2003): Erleichterung neuer Formen der Arbeit (z. B. Leiharbeit), Förderung der beruflichen Weiterbildung, Einführung von Bildungsgutscheinen
  - **Hartz II:** Regelungen für geringfügige Beschäftigung (Mini-/Midijobs) mit geringen Lohnnebenkosten, finanzielle Unterstützung von Selbstständigen in den ersten Monaten (Ich-AG), Einrichtung von Jobcentern zur Beratung
  - **Hartz III:** aus dem primär verwaltenden Arbeitsamt wird die Bundesagentur für Arbeit, die fallbezogenes Management betreiben soll
  - **Hartz IV:** z. B. Reduzierung der Bezugsdauer des ALG I, Zusammenführung von Arbeitslosenhilfe und Sozialhilfe zum ALG II, Schaffung von Arbeitsgelegenheiten mit Mehraufwandsentschädigung (Ein-Euro-Jobs) für ALG II-Bezieher
- Beispiele für **Kritik** an den Hartz-Gesetzen
  - Verdrängung regulärer Arbeit durch **Leiharbeit**
  - Verdrängung sozialversicherungspflichtiger Stellen durch **geringfügige Beschäftigung**
  - Täuschung: durch **Arbeitsgelegenheiten mit Mehraufwandsentschädigung** fallen die Personen zwar aus der Arbeitslosenstatistik, können ihren Lebensunterhalt aber dennoch nicht aus eigener Kraft finanzieren

Bedingungsloses Grundeinkommen

- Idee einer **staatliche Transferleistung** (also ohne Gegenleistung), die jede*r Bürgerunabhängig von seinen Einkommens- und Vermögensverhältnissen ohne Bedarfsprüfung erhält
  → **Ziel:** Garantie einer materiellen Grundlage für moderne Freiheitsrechte
- es existieren unterschiedliche Modellvarianten
- steht im **Widerspruch zum Leistungsprinzip** des aktuellen Sozialsystems
- **Argumente der Befürworter**
  - Erhöhung der individuellen Freiheit und Zunahme der ökonomischen Produktivität
  - Entlastung von Haushalten mit geringem Einkommen
  - angemessene und nötige Antwort auf die sozialen Herausforderungen (Arbeitsplatzverlust, soziale Spannungen) infolge der Digitalisierung
- **Argumente der Gegner**
  - keine schlüssige Finanzierung und fehlende Leistungsanreize
  - keine bedarfsgerechte Umverteilung → keine Reduzierung der sozialen Ungleichheit

Auf einen Blick

Übrigens … Für den ehemaligen deutschen Bundeskanzler Helmut Schmidt waren die Wohlfahrtsstaaten die letzte große kulturelle Errungenschaft der Europäer.

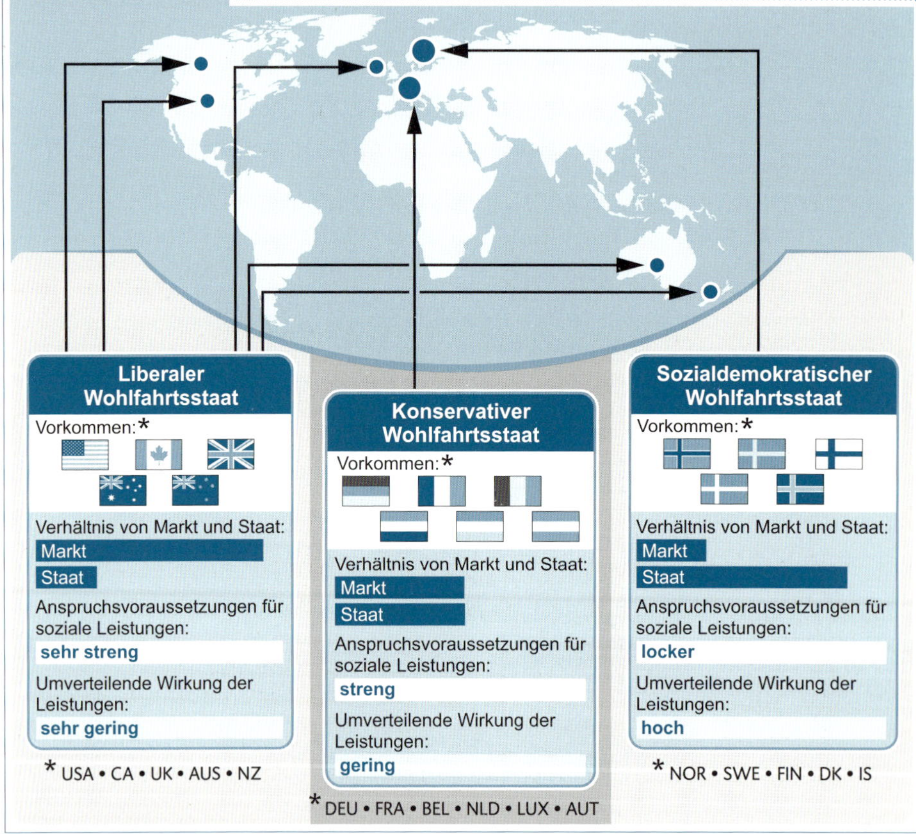

Wohlfahrtstaatsforschung

- **Sozialpolitik** ist Bestandteil jedes Nationalstaats, alleine aber nicht ausreichend für einen **Sozialstaat**
- Bezeichnung als Sozialstaat abhängig von **Reichweite, Qualität und Quantität** der Sozialpolitik; Sozialstaat ist mittlerweile Strukturelement aller modernen Demokratien
- **Wohlfahrtsstaatsforschung** vergleicht Länder hinsichtlich der Ausgestaltung des Sozialstaats; typische Untersuchungsgegenstände sind Leistungsdichte, Anspruchsvoraussetzungen, Finanzierung
- Staaten werden dabei in verschiedenen Gruppen mit **ähnlichen Sozialpolitiken** zusammengefasst; dient der Vereinfachung, meistens existieren jedoch keine Idealtypen, sondern Mischsysteme

Modelle von Wohlfahrtsstaaten

- die bekannteste Einteilung folgt dem dänischen Soziologen **Esping-Andersen**
- dieser unterscheidet drei Typen: **konservative**, **sozialdemokratische** und **liberale** Wohlfahrsstaaten
- Esping-Andersen untersucht dabei:
  - **Verhältnis von Markt und Staat** bei der Bereitstellung von sozialen Leistungen
  - **Durchführung und Qualität** der sozialen Leistungen
  - **Auswirkungen der Sozialpolitik** auf soziale Schichtung und gesellschaftliche Machtverteilung
- Einteilung nach Esping-Andersen nach wie vor die bekannteste und wichtigste, allerdings nicht mehr so eindeutig wie noch im 20. Jahrhundert

Konservativer Wohlfahrtsstaat

- wird aufgrund seines Vorkommens in **Kontinentaleuropa**, u. a. in Deutschland, Frankreich, Österreich und BeNeLux, auch als kontinentaleuropäischer Wohlfahrtsstaat bezeichnet
- durch **Versicherungsprinzip** geprägt, daher starke Verbindung von **Lohnarbeit** und **sozialen Ansprüchen**; kann dazu führen, dass Gruppen, die nicht erwerbstätig sind, ausgeschlossen werden
- **Familie** spielt eine bedeutende Rolle
- **umverteilende Wirkung** der Sozialleistungen ist **gering**

Sozialdemokratischer Wohlfahrtsstaat

- wird aufgrund seines Vorkommens in **Skandinavien**, u. a. in Schweden, Dänemark, Norwegen und Finnland, auch als skandinavischer Wohlfahrtsstaat bezeichnet
- charakteristisch sind **universale Leistungen**, um ein **hohes Niveau** an **Gleichheit** zu erreichen
- alle Bürger verfügen über **soziale Bürgerrechte**, die ihren Anspruch legitimieren
- die Leistungen werden größtenteils durch **Steuern finanziert**, die Steuersätze sind daher verhältnismäßig hoch
- die **Dekommodifizierung** (Abkopplung sozialer Sicherheit vom Arbeitsmarkt; Arbeit wird nicht als Ware charakterisiert) ist hier am stärksten ausgeprägt, der Markt spielt eine untergeordnete Rolle

Liberaler Wohlfahrtsstaat

- wird aufgrund seines Vorkommens in Staaten wie Kanada, den USA, Großbritannien, Australien und Neuseeland auch als **angelsächsischer Wohlfahrtsstaat** bezeichnet
- dieses Modell betont vor allem die **Rolle des Marktes**
- soziale Leistungen sind **größtenteils steuerfinanziert**, Transferleistungen sind **bedürftigkeitsgeprüft**
- **Anspruchsvoraussetzungen** sind insgesamt **streng** und **Leistungen niedrig**; **Umverteilung** wird gar **nicht angestrebt**

Auf einen Blick

Übrigens … Um Ungleichheit zu vermeiden, wird gerade an Schulen Inklusion (jeder wird akzeptiert) gefordert.

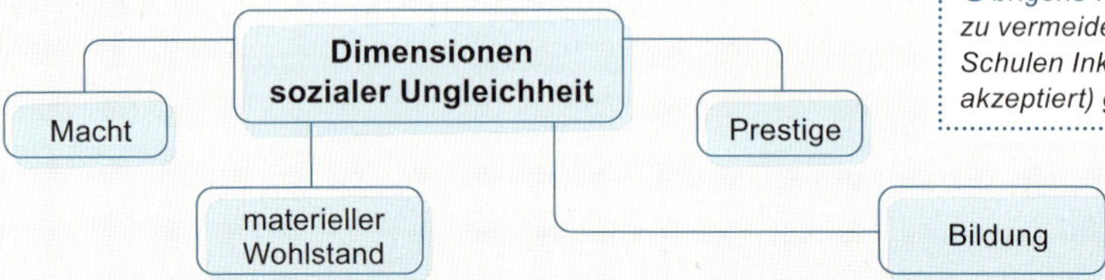

Möglichkeit der Messung:

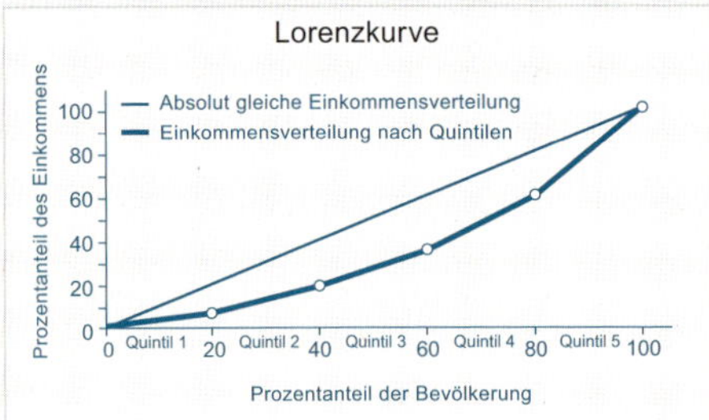

Möglichkeit der Messung:

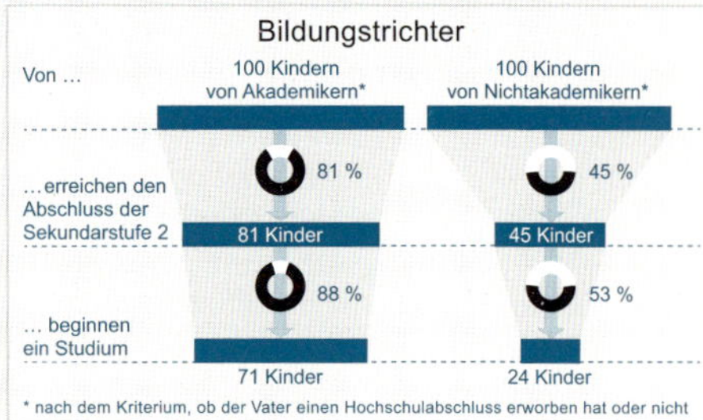

Erscheinungsformen und Auswirkungen sozialer Ungleichheit

- **soziale Ungleichheit:** ungleiche Verteilung von Ressourcen in einer Gesellschaft
- **häufige Folge:** ungleiche Chancenverteilung, d. h., je nachdem, wie viele Ressourcen ich von bestimmten Gütern, die in einer Gesellschaft als wertvoll erachtet werden, habe, verändern sich meine **Chancen im Leben**
- vier **Dimensionen sozialer Ungleichheit** in Deutschland: materieller Wohlstand, Bildung, Macht, Prestige (Ansehen)

Materieller Wohlstand

- **Indikatoren** zur Beurteilung materiellen Wohlstands: Vermögen, Einkommen, Armut

Vermögen

- **alle Güter** im Eigentum eines Wirtschaftssubjekts
- **Funktionen** von Vermögen: **Grundstock** für Einkommen (z. B. Vermietung – Einkommensfunktion), **eigene Nutzung** (z. B. Eigentumswohnung – Nutzungsfunktion), **Sicherheit** für schlechtere Zeiten (Sicherungsfunktion), **Erhöhung** der wirtschaftlichen und politischen **Gestaltungsmacht** (Machtfunktion)
- Beurteilung der **Vermögensverteilung** einer Gesellschaft: Durchschnittsvermögen **(arithmetisches Mittel)**, mittleres Vermögen **(Median)**
- Vermögen des mittleren privaten Haushalts 2018 in Deutschland (Median): 60 400 € netto; ab einem Vermögen von 261 080 € netto sind nur noch 20 % der Haushalte reicher
- **OECD-Studie:** starke Konzentration des Vermögens in Deutschland → die reichsten 10 % der Deutschen besitzen fast 60 % des gesamten Nettohaushaltsvermögens

Einkommen

- Zusammensetzung: Einkommen aus **Erwerbsarbeit** (z. B. Lohn), **Besitz- bzw. Vermögenseinkommen** (z. B. Miete) und **Transfereinkommen** (z. B. Kindergeld)
- Analyse
  - **Haushaltseinkommen:** Einkommen pro Haushalt
  - **Haushaltsnettoeinkommen:** nach Abzug von Steuern und Sozialabgaben
  - **Pro-Kopf-Einkommen** (z. B. BIP/Bevölkerungszahl des Landes): v. a. zur Analyse von Wohlstandsentwicklungen → allerdings keine Aussage über die Einkommensverteilung möglich
  - **Äquivalenzeinkommen:** Einkommen, das jedem Haushaltsmitglied den gleichen Lebensstandard ermöglichen würde wie innerhalb der Haushaltsgemeinschaft, unter der Annahme, es wäre erwachsen und würde alleine wohnen
    → **Berechnung:** Summe aller Einkommen des Haushalts und Gewichtung aufgrund einer Äquivalenzskala (erstes erwachsenes Haushaltsmitglied: 1; weiteres erwachsenes Haushaltsmitglied: 0,5; Kind ab 14 Jahre: 0,5; Kind bis 13 Jahre: 0,3)
    z. B.: Vater (40 000 €), Mutter (15 000 €), 2 Kinder (12/15 Jahre) → 55 000 € : 2,3 = ca. 24 000 €
  - **Einteilung in Quintile:** Hilfsmittel, um Aussagen über bestimmte Anteile der Bevölkerung zu machen (z. B. 5 Quintile = die ärmsten 20 %, die reichsten 20 % usw.)
  - **Lorenzkurve:** Veranschaulichung ungleicher Verteilung von Einkommen/Vermögen (die Diagonale würde der Gleichverteilung entsprechen)
    → **Berechnung:** auf der x-Achse wird der Anteil der Gesamtbevölkerung und auf der y-Achse der Anteil des Volkseinkommens abgetragen → je weiter die reale Kurve von der Diagonalen entfernt ist, desto stärker ist die Ungleichverteilung
  - **Gini-Koeffizient:** aus Lorenzkurve berechnet
    → **Berechnung:** indem man die Fläche zwischen der Diagonalen und der Lorenzkurve durch die Gesamtfläche unterhalb der Diagonalen teilt, erhält man einen Wert zwischen 0 und 1 → je kleiner der Wert, desto gleichmäßiger die Verteilung

Armut

- **Armutsbegriffe**
  - **absolute (extreme) Armut:** weniger als 1,90 US-$ pro Tag
  - **relative Armut:** bemisst sich an der Fähigkeit zur Teilnahme an der jeweiligen Gesellschaft; in Deutschland: Median des **Nettoäquivalenzeinkommens** → wer weniger als 60 % dieses Wertes hat, gilt als armutsgefährdet
- **Kinder-/Jugendarmut:** rund ein Viertel der armutsgefährdeten Personen in Deutschland ist jünger als 25 Jahre

Bildung

- in Industrienationen und Dienstleistungsgesellschaften: **Bildung als Schlüsselfaktor** zur Armutsvermeidung
- Forderungen: **Durchlässigkeit des Schulsystems** und **ganztägige Bildungsangebote**
- **Kernziel** von Maßnahmen im Bereich Bildung: **Ungleichheiten vermeiden**, die nicht aufgrund der eigenen Leistung, sondern beispielsweise aufgrund der Herkunft, des Berufs der Eltern, der finanziellen Möglichkeiten usw. bestehen

Auf einen Blick

Übrigens … In Österreich scheiterte Ende 2019 ein Volksbegehren für ein bedingungsloses Grundeinkommen an mangelnder Unterstützung.

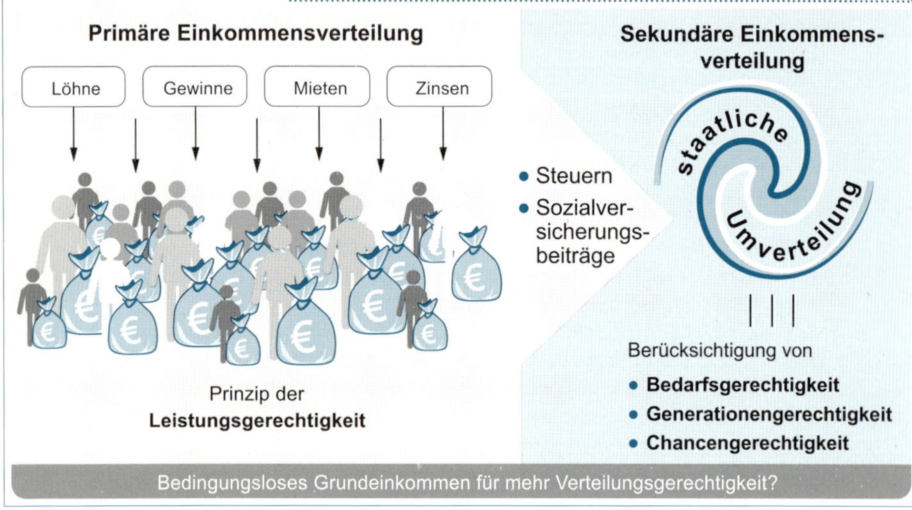

Einkommens- und Vermögensverteilung

- Verbindung mehrerer Prinzipien in der Sozialen Marktwirtschaft:
  - **primäre Einkommensverteilung:** weitgehend leistungsgerechte Verteilung der ungekürzten **Primäreinkommen** (Löhne, Gewinne, Mieten, Zinsen etc.)
  - **sekundäre Einkommensverteilung durch staatliche Umverteilung:** Umwandlung von Sozialversicherungsbeiträgen und Steuern in Versicherungs- und Transferleistungen (z. B. Kindergeld); Steuerprogression („Besserverdienende“ werden stärker belastet, es gibt einen Spitzensteuersatz und eine Reichensteuer für sehr hohe Einkommen
- **Kritik an der gegenwärtigen Einkommensumverteilung:** Leistungsfeindlichkeit aufgrund von Konstellationen, in denen es fraglich ist, ob sich Arbeit lohnt, da die Entlohnung nur minimal über den staatlichen Transferleistungen liegt → Gegensteuerung durch **Mindestlohn**

Grundsätze der Besteuerung

Mögliche Besteuerungsobjekte

- **Einkommen:** Berücksichtigung wirtschaftlicher Leistungsfähigkeit
- **Vermögen:** Problem doppelter Besteuerung (ursprüngliches Einkommen bereits versteuert)
- **Konsum:** effizient, aber überproportionale Belastung von Geringverdienern aufgrund höherer Konsumquote

Grenzen der Besteuerung

- **Lafferkurve:** Steueraufkommen steigt zwar mit zunehmender Steuerbelastung zunächst an, ab einem kritischen Wert aber stagniert bzw. sinkt es (Vermeidungsstrategien der Steuerzahler*innen nehmen zu, z. B. Nutzen von Steueroasen und anderen Steuerschlupflöchern)
- **wirtschaftspolitische Grenze:** Bremswirkung auf die Wirtschaftstätigkeit
- **psychologische Grenze:** Steuerflucht
- **gesetzliche Grenze:** Recht auf Eigentum (Art. 14 GG); Faustformel (sog. Halbteilungsgrundsatz; Auslegung durch das Bundesverfassungsgericht): Gesamtbelastung maximal 50 %

Ausgestaltung des Steuersystems in Deutschland

- **Prinzip der Leistungsfähigkeit:**
  – Orientierung in erster Linie an Konsum und Einkommen (abhängig von Steuerart)
  – **Ziel:** gerechte Verteilung der Gesamtsteuerlast
  – **progressives Steuersystem:** Besteuerung höherer Einkommen mit höheren Prozentsätzen
- Berücksichtigung **gesellschaftlicher Leistung** (z. B. Ehegattensplitting, Kinderfreibeträge)
- **Kritik am deutschen Steuersystem:** überproportional hohe Belastung für Verdiener mittlerer Einkommen („Mittelstandsbauch"); komplizierte und teure Erhebung

Steuersätze und Steuerarten

Steuersätze

- **Grenzsteuersatz:** gibt innerhalb eines progressiven Steuersystems (höherer Steuersatz für höheres Einkommen) an, mit welchem Steuersatz zusätzlich zu versteuerndes Einkommen belegt wird
- **Durchschnittssteuersatz:** prozentualer Anteil der Einkommenssteuer am gesamten zu versteuernden Einkommen
- **Spitzensteuersatz:** Teil des progressiven Steuersystems, liegt bei 42 Prozent ab 58.597 Euro pro Jahr (Stand 2022)
- **Reichensteuersatz:** Teil des progressiven Steuersystems, liegt bei 45 Prozent ab 277.826 Euro pro Jahr (Stand 2022)

Steuerarten

- **Einkommenssteuer:** besteuert das Gehalt des/der Einzelnen, dabei gilt ein Freibetrag, der nicht besteuert wird; oberhalb des Freibetrags wird progressiv besteuert, d. h., Spitzenverdiener müssen einen höheren Anteil abgeben als Geringverdiener; Lohn- und Kapitalertragssteuern sind Sonderformen der Einkommenssteuer
- **Vermögenssteuer:** besteuert das gesamte Vermögen eines/einer Steuerpflichtigen zu einem bestimmten Stichtag; wird in Deutschland seit 1997 nicht mehr erhoben; es gibt jedoch Forderungen nach der Wiedereinführung der Vermögenssteuer, um die hohe Vermögensungleichheit zu verringern
- **Erbschaftssteuer:** besteuert die Vermögenswerte, die die Erben eines/einer Verstorbenen erhalten; es gibt Freibeträge, und die Steuersätze hängen von der familiären Nähe der Verstorbenen und der Steuerklasse der Erben ab

Auf einen Blick

Übrigens … Im Jahr 2020 gab es weltweit 280 Millionen Migranten, davon waren 81,5 Millionen auf der Flucht.

Gründe für Migration:

- Flucht vor Krieg, Gewalt, Verfolgung
- Wirtschaftliche Situation
- Hunger
- Heirat
- Abenteuerlust

Deutschland als Einwanderungsland:

- Über 20 Prozent mit Migrationshintergrund
- Mehr als die Hälfte der Bevölkerung sieht Einwanderung als Chance

Integrationspolitik

- Erst seit 2005 wirklich auf politischer Agenda
- Ziel: wirtschaftliche, gesellschaftliche und politische Teilhabe
- Erfolg der Integration schwer überprüfbar

Migration und Flucht

- **Migration:** natürlicher Prozess in der Geschichte der Menschheit; vielfältige Gründe für Migration (größtenteils eher negative, aber auch positive)
- **Fluchtmigration:** erzwungene Migration, Flucht vor Krieg, Gewalt und Verfolgung
  - 2020 mehr als 70 Millionen Flüchtlinge weltweit
  - Mehrheit der Flüchtlinge (2020: 85 Prozent) in Entwicklungsländern, nur ein bis zwei Prozent in Europa
  - 2022: große Flüchtlingsbewegungen aus der Ukraine (v. a. nach Mittel- und Westeuropa) als Folge des russischen Überfalls auf die Ukraine

Deutschland als Einwanderungsland

- **Situation in Deutschland:** ca. 20 Prozent der Menschen in Deutschland haben ausländische Wurzeln; Migrationsanteil in den westdeutschen Bundesländern deutlich höher als in den östlichen
- Deutschland war lange eher ein Auswanderungsland, ist mittlerweile aber ein **Einwanderungsland**; diese Realität wurde erst spät anerkannt (Anfang der 2000er-Jahre)
- **Wanderungssaldo** in Deutschland: seit Jahren **deutlich positiv** (mehr Ein- als Auswanderung)

- seit 2015 (**Flüchtlingskrise**) sind Zuwanderung und Asyl ein großes Thema in Deutschland
- Unterscheidung der Bevölkerung mit Migrationshintergrund: Ausländer **ohne deutsche Staatsbürgerschaft** (2022: 12 Millionen) und Bevölkerung mit Migrationshintergrund **mit deutscher Staatsbürgerschaft**
- Beispiele für **Forschungsergebnisse** zu den Bevölkerungsgruppen:
  – Anteil der Personen ohne Schulabschluss in der Bevölkerung mit Migrationshintergrund deutlich höher (9,9 %) als in der Bevölkerung ohne Migrationshintergrund (1,5 %)
  – Anteil der (Fach-)Abiturienten und Abiturientinnen in Bevölkerung mit und ohne Migrationshintergrund nahezu identisch
- Problem in Deutschland/Europa: Steuerung der **qualifizierten Einwanderung** (Stichwort Einwanderungsgesetz)
- **deutsche Gesellschaft eher positiv** eingestellt bzgl. Einwanderung; es gibt aber Vorbehalte gegenüber manchen Religionen (Islam); Akzeptanz der gesellschaftlichen Vielfalt korreliert mit positiven Einstellungen zur Globalisierung
- nur eine **Minderheit lehnt Einwanderung kategorisch ab** (Angst vor „Überfremdung" und Verlust von Wohlstand); oft Überschneidungen mit rechtsextremen und rassistischen Überzeugungen

Gesellschaftliche, politische und wirtschaftliche Folgen der Migration

- großer Einfluss der **Ein- und Auswanderung** auf den sozialen Wandel
- Einwanderung als **Chance für das Gesundheitssystem:**
  – großer Arbeitskräftemangel im deutschen Gesundheitssystem
  – Anwerbung von Pflegepersonal aus Mittel- und Osteuropa
- große Herausforderung der Einwanderung: **Integration** (Gefahr der „Parallelgesellschaft")
- politische Instabilität durch **Erstarken rechter Parteien**
- Zuwanderung als **Chance** gegen den **Fachkräftemangel**

Integration und Integrationspolitik

Integration

- Definition von Integration nicht eindeutig, verschiedene Auffassungen, was Integration bedeutet:
  – **Anpassung** an bestehende Verhältnisse
  – Forderung an die Gesellschaft, **gleiche Teilhabe** für alle Menschen zu gewährleisten
- Integration eher ein **Prozess**, an dem Einwanderer und Aufnahmegesellschaft gleichermaßen beteiligt sind → **keine absolute Gleichheit** der Lebensverhältnisse, sondern **vergleichbare Unterschiede** wie in der gesamten Gesellschaft

Integrationspolitik

- lange wurde Integrationspolitik in Deutschland nicht wirklich betrieben → erst **seit 2005** wirklich auf der **politischen Agenda**
- Integration strebt **Teilhabe der Zuwanderer** vor allem in drei Bereichen an: **wirtschaftliche**, **politische** und **gesellschaftliche Teilhabe** → nicht mehr nur auf den Arbeitsmarkt ausgerichtet, sondern auch im Bereich Bildung, Sport, Kultur
- dazu Maßnahmen wie Sprach- und Bildungsförderung und Abbau kultureller Barrieren
- Integration als hochkomplexer Prozess: **Erfolg** daher nur **schwer überprüfbar**

Auf einen Blick

Übrigens ... In Deutschland gab es im Schuljahr 2020/21 insgesamt über 790.000 Lehrkräfte an allgemeinbildenden Schulen.

Bildungssystem in Deutschland:
- Staat trägt Gesamtverantwortung (Art. 7 GG)
- Staat muss leistungsfähiges Bildungssystem bereitstellen
- Föderales System: Bildung ist Ländersache

Einflussfaktoren für Bildungserfolg:
- soziale Herkunft
- Migrationshintergrund
- Geschlecht

Aufgaben des Bildungssystems:
- Persönlichkeitsbildung und kulturelle Integration
- Qualifizierung für Berufs- und Arbeitswelt
- Leistungs- und chancengerechte Verteilung sozialer Posten

Bildungssystem in Deutschland

- Staat trägt Gesamtverantwortung für das Schulwesen (Art. 7 GG) und muss leistungsfähiges Bildungssystem zur Verfügung stellen
- **Bildungsföderalismus:** Schulbildung ist aber größtenteils Ländersache, daher in jedem Bundesland unterschiedlich organisiert; Kultusministerkonferenz sorgt für Mindestmaß an Gemeinsamkeiten
- **Aufgaben** des Bildungssystems:
  - Persönlichkeitsbildung und kulturelle Integration
  - Qualifizierung für die Berufs- und Arbeitswelt
  - leistungs- und chancengerechte Verteilung sozialer Posten
- **Ausgaben** für Bildung in Deutschland im **internationalen Vergleich eher gering**; großer **Rückstand** vor allem im Bereich der **Digitalisierung**

Einflussfaktoren auf den Bildungserfolg

Soziale Herkunft

- große **soziale Ungleichheiten** im Bildungssystem
- unterschiedliche Sozialisationsbedingungen im Elternhaus führen zu **ungleichen Startbedingungen**; diese können in der Grundschule kaum wettgemacht werden
- zwei Gründe:
  - **Finanzsituation der Eltern:** keine unterstützenden Lernmaterialien, keine Nachhilfe, kein eigenes Zimmer mit Schreibtisch

  - **Bildungsgrad der Eltern:** keine oder kaum Hilfe bei inhaltlichen und organisatorischen schulischen Fragen, geringerer Bildungsanspruch
- besonders betroffen sind **Scheidungskinder**, **bildungsferne Milieus** und Kinder mit **Migrationshintergrund**
- bis vor einigen Jahren herrschte noch ein Stadt-Land-Gefälle: Benachteiligung für Kinder vom Land; mittlerweile keine Unterschiede mehr

Migrationshintergrund

- Kinder mit **Migrationshintergrund** haben **schlechtere Bildungschancen** als Kinder ohne Migrationshintergrund
- **Zusammenhang** jedoch **nicht eindeutig**, da Familien mit Migrationshintergrund oft auch sozial schlechter gestellt sind (vgl. oben)

Geschlecht

- bis vor einigen Jahren: Benachteiligung der Mädchen im Bildungssystem
- mittlerweile gleiche Chancen unabhängig vom Geschlecht

Herausforderungen für das Bildungssystem

- in Industrienationen und Dienstleistungsgesellschaften: **Bildung als Schlüsselfaktor** zur Armutsvermeidung
- Forderungen: **Durchlässigkeit des Schulsystems** und **ganztägige Bildungsangebote**
- **Kernziel** von Maßnahmen im Bereich Bildung: **Ungleichheiten vermeiden**, die nicht aufgrund der eigenen Leistung, sondern beispielsweise aufgrund der Herkunft, des Berufs der Eltern, der finanziellen Möglichkeiten usw. bestehen
- Handlungsbedarf in Bezug auf gravierende Unterschiede zwischen Gering- und Hochqualifizierten
- demografischer Wandel und Fachkräftemangel erfordern beste Bildungschancen für alle

Bildungspolitik: Vorschläge für mehr Chancengleichheit

- **verlängerte Grundschulzeit** und **Abschaffung** des **dreigliedrigen Schulsystems**
- kleinere Klassengrößen und gezielte Einzelförderung
- frühkindliche Förderung in Kindertagesstätten
- Problem: **Personalmangel** im Bildungsbereich

Bildungsrendite

- für den **Einzelnen**:
  - bessere Arbeitsmarktchancen
  - insgesamt höhere Lebenszufriedenheit
- für den **Staat**:
  - höhere Steuereinnahmen durch Fachkräfte und Akademiker*innen
  - geringere Inanspruchnahme von Sozialleistungen
  - insgesamt Entlastung des Staatshaushalts

Auf einen Blick

Übrigens … Die Inschrift „Dem deutschen Volke" steht über dem Portal des Deutschen Bundestags in Berlin.

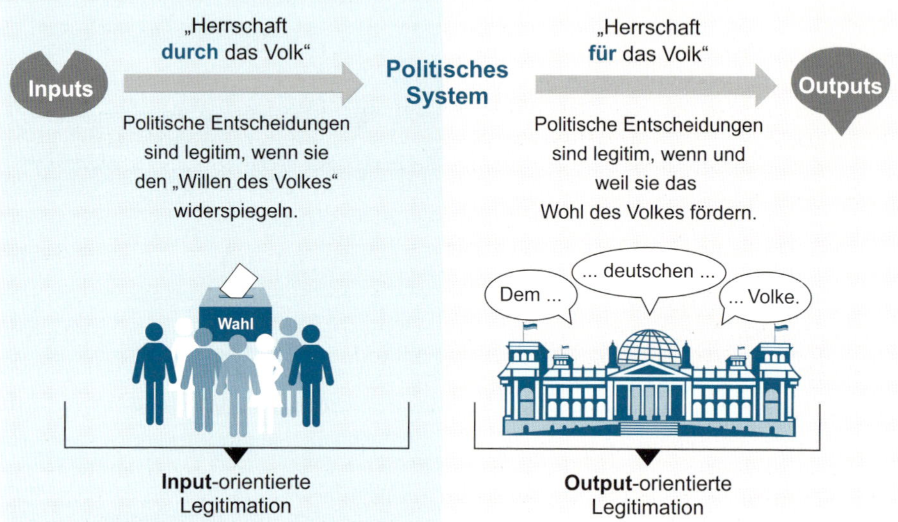

Legitimation politischer Herrschaft

Notwendigkeit der Legitimation

- **Staat als mächtiges Gebilde**, das Leben der Menschen stark beeinflusst → Eingriffe in das Leben der Menschen muss begründet sein
- **zwei Arten von Legitimationsanspruch:**
  - **pragmatische Legitimation:** Menschen haben Vorteile, wenn sie in einem Staat leben
  - **moralische Legitimation:** Herrschaft über andere muss begründet werden können

Formen der Legitimation

- **Input-orientierte Legitimation:** politische Entscheidungen sind legitim, wenn sie den „Willen des Volkes" widerspiegeln → Entscheidungsträger wurden gewählt, sind aber auch abwählbar
- **Output-orientierte Legitimation:** politische Entscheidungen sind aufgrund ihres Effekts legitim („Herrschaft für das Volk") → Entscheidungen erhöhen das Wohl der Menschen, positive Ergebnisse legitimieren die Herrschaft

Beispiele moderner Demokratietheorien

- **Scharpf:** vergleicht Input- und Output-orientierte Legitimation → Input-orientierte Legitimation nur in Nationalstaat mit kollektiver Identität, Output-orientierte Legitimation universal
- **Schumpeter:** rein ökonomische Vorstellung von Demokratie; Wähler als Nachfrager/ Konsumenten und Politiker als Anbieter → enge Input-orientierte Auslegung von Demokratie
- **Habermas:** deliberative Demokratie (Konsensdemokratie) als Erweiterung und Kompromiss

Neuzeitliche Vertragstheorien im Vergleich

Staatstheorie nach Thomas Hobbes (1588–1679)

- **Menschenbild:** Mensch als **rationaler Nutzenmaximierer**, dabei vernünftig und vorausschauend; wichtigste Antriebe: Wunsch nach Selbsterhaltung/Streben nach angenehmem Leben
- **Naturzustand:** „Homo homini lupus" (der Mensch ist dem Menschen Wolf): bezeichnet nach Hobbes das im Naturzustand vorherrschende destruktive Verhältnis der Staaten untereinander; Hobbes geht von einem **Krieg jeder gegen jeden** aus
- Notwendigkeit zur **Überwindung des Naturzustandes** ist den Menschen bewusst → Etablierung eines Systems fester Regeln im Interesse aller Menschen, um damit Sicherheit zu gewähren; die Antriebe der Vertragspartner sind der kriegsähnliche Naturzustand und Furcht
- Staatszweck: **Sicherheit und Frieden**
- Rechte des Einzelnen im Staat: Recht auf **Leben** und **Sicherheit**
- Hobbes rechtfertigt damit den **Absolutismus**

Repräsentationstheorie nach John Locke (1632–1704)

- **Menschenbild:** Mensch als vernunftbegabtes Wesen mit der Fähigkeit, in Freiheit und Eigenverantwortung innerhalb der Grenzen des **Naturgesetzes (= Verbot, das Leben oder Eigentum eines anderen zu schädigen)** zu handeln; Freiheit und Gleichheit aller
- **vorstaatliche natürliche Menschenrechte:** Recht auf Selbsterhaltung, Recht auf Selbstjustiz
- Staatszweck: **Schutz des Eigentums** und der **individuellen Rechte**
- Bürger übertragen Teile ihrer natürlichen Macht auf politische Gemeinschaft/ **Repräsentanten**
- Legislative als höchste Gewalt; Exekutive an Gesetz gebunden (↔ Absolutismus)
- gegenseitige Kontrolle → Grenzen der Macht im Naturrecht des anderen (Leben/Eigentum)
- **Widerstandsrecht** des Volkes bei Machtmissbrauch (Rückfall in den Naturzustand); vorstaatliche Menschenrechte vor allem als Freiheits- bzw. Abwehrrechte gegenüber dem Staat
- **Kritik:** keine Judikative; nur **Eigentümer** sind Bürger (Wahlrecht proportional zum Eigentum)
- **Niederschlag im deutschen Grundgesetz:** Volkssouveränität, Übertragung der Staatsgewalt auf Repräsentanten, Gewaltenteilung, Widerstandsrecht (Art. 20 Abs. 4)

Identitätstheorie nach Jean-Jacques Rousseau (1712–1778)

- **Menschenbild:** die Menschen sind „frei geboren" und „gut"; moralische und politische Gleichheit aller Menschen → jeder ist untrennbarer Teil des Ganzen; friedfertiger Naturzustand
- **Lehre von der Gleichheit in der Gesellschaft:** gleichberechtigtes Bestimmen über das gemeinschaftliche Leben → gemeinschaftliche Verabschiedung von Gesetzen
- oberste Richtschnur ist der **Gemeinwille (volonté générale)** als Summe übereinstimmender Einzelinteressen (im Unterschied zum Gesamtwillen als Summe aller Einzelinteressen)
- **Identität von Einzel- und Gemeinwille** → Identität von Herrscher und Beherrschten
- **Gesellschaftsvertrag:** stillschweigende Übereinkunft, dass der Einzelne, der nicht dem Gemeinwillen folgt, von den Gemeinschaftsmitgliedern dazu gezwungen werden darf
- Folgerung: **Gesamtwesen als Souverän** → Selbstregierung des Volkes (direkte Demokratie) durch Abstimmung in der Volksversammlung (Gemeinwille durch Mehrheitsfindung)
- **Kritik:** Widerspruch zwischen Anspruch auf Freiheit und dem Zwang, sich dem Gemeinwillen unterzuordnen; Fehlen vorstaatlicher Rechte (Menschenrechte); Leugnen der Interessensvielfalt; fehlender Minderheitenschutz; keine Entsprechung von Mehrheitsmeinung und Gemeinwillen
- Identitätstheorie als **Legitimation für direkte Demokratie** (z. B. Volksbegehren, Referendum)

Auf einen Blick

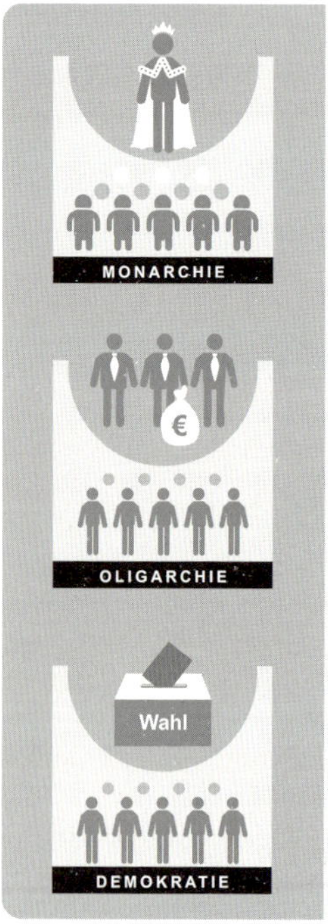

Übrigens ... Die erste deutsche Demokratie war die Weimarer Republik. Sie konnte sich jedoch nicht gegenüber dem Nationalsozialismus behaupten.

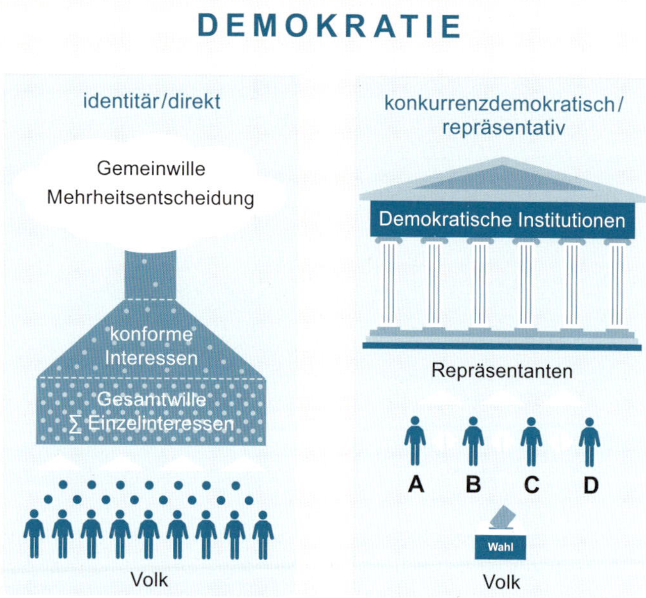

Demokratie als Form politischer Herrschaftsordnung

- Unterscheidung der Herrschaftsordnung nach **Anzahl der herrschenden Personen:**
  - **Monokratie:** Herrschaft eines Einzelnen (Diktatur, Despotie, Tyrannei)
  - **Oligarchie:** Herrschaft weniger Personen oder bestimmter Gruppen
  - **Demokratie:** Herrschaft des Volkes (griech. *demos:* das Volk, *kratein:* herrschen)
- **plebiszitäre** Demokratie: **direkte Ausübung** der Herrschaft durch das Volk
- **repräsentative** Demokratie: **Vertretung** des Volkes durch gewählte Repräsentanten und Repräsentantinnen
- **Merkmale moderner westlicher Demokratien:** Volkssouveränität, Rechtsstaatsprinzip, Pluralismus, Gewaltenteilung, Menschenrechte, verfassungsgemäßes politisches Handeln

Wichtige Demokratiemodelle

Parlamentarische vs. präsidentielle Demokratie

- in der parlamentarischen Demokratie geht die **Regierung aus dem Parlament** hervor (Regierungschef*in wird vom Parlament gewählt); Regierungschef*in ist nicht gleichzeitig Staatsoberhaupt; Regierung ist abhängig vom Vertrauen des Parlaments bzw. der Mehrheit der Abgeordneten
  → **enge Verbindung** zwischen Regierung und Parlamentsmehrheit

- in der präsidentiellen Demokratie wird der*die **Präsident*in** (gleichzeitig Regierungschef*in und Staatsoberhaupt) **in Volkswahl ermittelt**; der*die Präsident*in darf nicht dem Parlament angehören und ist nicht vom Parlament absetzbar; der*die Präsident*in darf das Parlament nicht auflösen
  → Parlament und Regierung sind **streng getrennt**
- semipräsidentielles System (z. B. Frankreich) als Mischform aus parlamentarischem und präsidentiellem System

Konkurrenz- vs. Konkordanzdemokratie

- in der Konkurrenzdemokratie bestimmen **Mehrheitsprinzip** und **Wettbewerb** bei Konflikten und Entscheidungen; Wettbewerb soll zu klaren Alternativen und zu Zweiparteiensystem führen, mit stabiler und effektiver Regierung und starker Opposition
  → Vorteile: klare Alternativen und effektive Regierungen
  → Nachteile: Dominanz der Mehrheit und tiefgreifende Politikwechsel
- in der Konkordanzdemokratie bestimmen **Verhandlung**, **Kompromiss** und **Proporz** bei Konflikten und Entscheidungen; alle Akteure der Gesellschaft sollen beteiligt werden
  → Vorteile: Integration/Repräsentation aller gesellschaftlichen Gruppen (Minderheitenschutz)
  → Nachteile: langwierige Aushandlungsprozesse, hoher Konsensbildungsbedarf
- in der Realität herrschen meist Mischformen vor

Herrschaftsformen im Vergleich

Totalitäre Systeme

- legitimiert durch ein **geschlossenes ideologisches Weltbild**; Anspruch auf absolute Wahrheit
- **Einzelinteressen** sind **gleichgeschaltet**; Gesellschaft durchsetzt von Ideologie → Einzelne haben keine Rechte, ordnen sich der Ideologie unter
- **Informationen** werden **staatlich kontrolliert**, Medien gleichgeschaltet; staatliche Repression, absolutes Machtmonopol

Autoritäre Systeme

- legitimiert durch **Gewalt**; **Wahlen** nur **Scheinveranstaltungen** zur Legitimation der Herrschaft
- **Pluralismus** in **geringem Maße** möglich, solange nicht Kritik am Regime → kritisches Engagement der Einwohner*innen unerwünscht, rechtsstaatliche Prinzipien stark eingeschränkt
- **Gewaltenteilung eingeschränkt** oder nur theoretisch vorhanden; Institutionen gleichgeschaltet

Demokratie

- legitimiert durch **Volkssouveränität** (Wahlen, Abstimmungen)
- **pluralistische Zivilgesellschaft** mit Meinungsfreiheit und politischem Diskurs → Freiheit verfassungsrechtlich garantiert (Rechtsstaat)
- **Gewaltenteilung**; politische Macht nur auf Zeit

Auf einen Blick

Übrigens … Das deutsche Grundgesetz gilt als eine besonders gelungene Verfassung und war für viele andere Länder Vorbild.

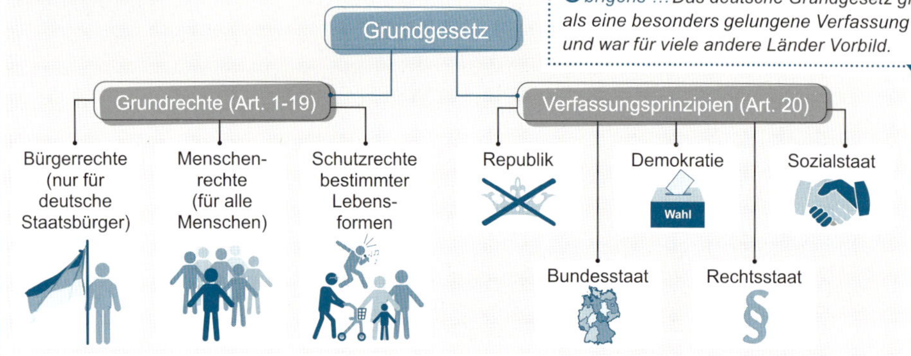

Grundgesetz

- Grundgesetz (GG): die **Verfassung** der Bundesrepublik Deutschland
- Inkrafttreten am 24. Mai 1949

Grundrechte

- **Grundrechte** (Art. 1–19) als wichtigster Teil des Grundgesetzes, stehen daher gleich am Anfang
- grundlegende **Freiheits-** und **Gleichheitsrechte**

Begriff der Menschenwürde

- Art. 1 Abs.1 GG: „*Die Würde des Menschen ist unantastbar. Sie zu achten und zu schützen ist Verpflichtung aller staatlichen Gewalt.*“
- zentraler Begriff des Grundgesetzes, daher auch in Art. 1 genannt; dadurch wird der **Mensch** in den **Mittelpunkt** gerückt, der Staat ist zum Wohle des Menschen da

Einteilung der Grundrechte nach Personenkreis

- **Menschenrechte:**
  gelten für alle Menschen, also deutsche Staatsangehörige und hier Lebende anderer Nationalitäten (Art. 1–5 GG, Art. 17 GG)
- **Bürgerrechte:**
  gelten nur für deutsche Staatsangehörige (Art. 8, 9, 11, 12 GG)
- Rechte zur Sicherung **bestimmter Lebensformen**:
  betreffen Personen in verschiedenen Lebensformen, z. B. Familien, Künstler, Wissenschaftler, Asylsuchende (Art. 5 Abs. 3 GG, Art. 6 Abs. 1 GG, Art. 14 Abs.1 GG, Art. 16/ 16 a GG)

Weitere Einteilungsmöglichkeiten

- **Schutzzweck:** Freiheits- und Gleichheitsrechte, Institutionsgarantien und Verfahrensrechte
- **Wirkungsbreite:** allgemeine Grundrechte, spezielle Grundrechte
- **Zielrichtung:** Abwehrrechte, Leistungs- und Teilhaberechte

Verfassungsprinzipien

- Art. 20 GG: „*Die Bundesrepublik Deutschland ist ein demokratischer und sozialer Bundesstaat. [...] Die Gesetzgebung ist an die verfassungsmäßige Ordnung, die vollziehende Gewalt und die Rechtsprechung sind an Gesetz und Recht gebunden.*“
- **fünf Verfassungsprinzipien** im Grundgesetz Art. 20 festgeschrieben

Republik

- Staatsform der Republik
- kein monarchistisches Staatsoberhaupt

Demokratie

- garantiert die **Volkssouveränität**, d. h., Volk nimmt wesentliche, mitbestimmende Funktion ein
- regelmäßig stattfindende **Wahlen**, dabei stehen im Sinne des Mehrparteiensystems **(Pluralismus)** zahlreiche unabhängige Parteien zur Auswahl
- politische Entscheidungen sind vom Mehrheitsprinzip geprägt

Sozialstaat

- verpflichtet den Staat, für die **soziale Sicherung** seiner Bürger zu sorgen und Maßnahmen zum **sozialen Ausgleich** zu treffen
- Ziele: soziale Gerechtigkeit und Angleichung der Lebenschancen aller Bürger

Bundesstaat

- garantiert den Bundesländern eigene Kompetenzen im Bereich der Gesetzgebung und der Verwaltung **(Föderalismus)**
- Element der **vertikalen Gewaltenteilung**

Rechtsstaat

- bindet alle staatliche Gewalt an Recht und Gesetz
- verteilt Gewalt auf die Organe der Legislative, Exekutive und Judikative **(Gewaltenteilung)**
- Schutz des Einzelnen vor staatlicher Willkür

Der soziale Rechtsstaat

- der soziale Rechtsstaat verbindet Grundsätze des **Sozial-** und des **Rechtsstaats**, also soziale Gerechtigkeit und Gesetzlichkeit
- sozial Schwächere sollen in die Lage versetzt werden, von Rechten Gebrauch zu machen

Offene Staatlichkeit

- in den Artikeln 23 und 24 GG wird die **offene Staatlichkeit** grundgesetzlich geregelt: Deutschland kann
  - **Hoheitsrechte** auf **supranationale Gemeinschaften** wie die Europäische Union übertragen (Art 23 GG; Europa-Artikel) und
  - sich zur Wahrung des Friedens in ein **Systeme gegenseitiger kollektiver Sicherheit** (NATO) einordnen (Art. 24)

Auf einen Blick

Übrigens … Die erste Wahlteilnahme hat großen Einfluss auf unsere lebenslange Wahlbeteiligung. Deshalb ist es wichtig, v. a. die Erstwähler zur Wahl zu motivieren.

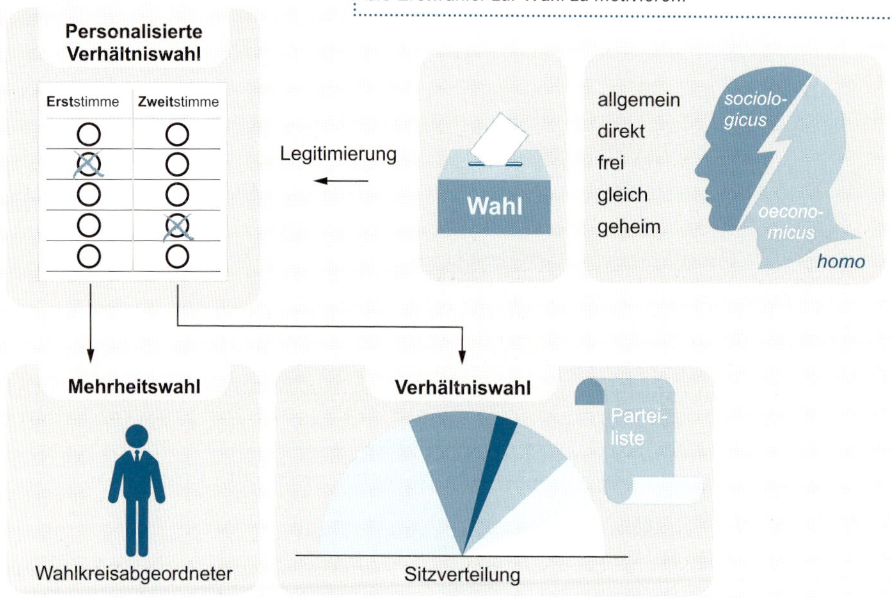

Zentrale Funktionen von Wahlen

- einfachste und egalitärste Form der **Partizipation** im **repräsentativen System**
- **Repräsentation** der Interessen der Bevölkerung in politischen Institutionen → **Legitimierung**
- **Rekrutierung** der politischen Elite
- **Kontrolle** der politischen Handlungseinheiten durch Abwählbarkeit
- **Konkurrenzkampf:** Entwicklung **alternativer Problemlösungen/Sachprogramme**
- Hervorbringen einer **handlungsfähigen Regierung** (Ergebnis der Wahl)

Wahlsystem der Bundesrepublik

Wahlrechtsgrundsätze

- **Wahlrechtsgrundsätze** (durch das Grundgesetz festgelegt (Art. 38 GG)): Die Wahl ist …
  - **allgemein:** alle Staatsbürger ab 18 Jahre verfügen über ein aktives und passives Wahlrecht
  - **unmittelbar/direkt:** die Abgeordneten werden direkt, d. h. ohne Zwischeninstanz, gewählt
  - **frei:** kein Wahlzwang, freie Wahlentscheidung
  - **gleich:** jede Stimme zählt gleich (Einschränkung: 5 %-Klausel → „Gefahr verlorener Stimmen")
  - **geheim:** die Wahlentscheidung ist anonym

Wahlsystem des Deutschen Bundestags

- **personalisiertes Verhältniswahlrecht:**
  - Verhältniswahl garantiert Repräsentation jeder Stimme
  - kein „Winner-takes-it-all"-Ansatz (reine Mehrheitswahl) wie bspw. in den USA
  - Sperrklausel (5 Prozent oder drei Direktmandate) gewährleistet Regierungsstabilität durch Konzentrationswirkung
- **zwei Stimmen:**
  - **Erststimme:** mit dieser Stimme wird der Wahlkreisabgeordnete (Direktmandat) ermittelt; nach Prinzip der Mehrheitswahl
  - **Zweitstimme:** entscheidende Stimme; mit dieser Stimme wird die Anzahl der Mandate der im Bundestag vertretenen Parteien ermittelt; nach Prinzip der Verhältniswahl

Charakteristika des deutschen Regierungssystems

- **parlamentarischer Regierungstypus:** Volk wählt Parlament bzw. Abgeordnete, nicht aber Staats- und Regierungschefs; Bundespräsident*in (Staatschef*in) wird von Bundesversammlung, Bundeskanzler*in (Regierungschef*in) vom Bundestag mit absoluter Mehrheit gewählt
- **Koalitionsregierung:** häufigste Form in Deutschland, da eine Partei meist nicht die absolute Mehrheit hat (die aber für die Kanzlerwahl nötig ist), Minderheitsregierung aber auch möglich
- **konstruktives Misstrauensvotum:** Kanzler*in kann durch Parlament abberufen werden, wenn es mit absoluter Mehrheit eine*n neue*n Kanzler*in wählt (Art. 67 Abs. 1 GG)

Erklärungsmodelle zum Wahlverhalten

- **soziologischer Erklärungsansatz:** individuelle Wahlentscheidung bedingt durch Zugehörigkeit zu bestimmten sozialen Gruppen, kurzfristige Änderungen können nicht erklärt werden
- **individualpsychologischer Erklärungsansatz:** Wahlverhalten als Folge einer individuellen psychologischen Beziehung zu einer Partei, die durch politische Sozialisation entsteht
- **Modell des rationalen Wählers (homo oeconomicus, Rational choice):** Wahlentscheidung rein vernunfts- und interessensgeleitet zur Erzielung des maximalen persönlichen Nutzens
- **Modell der sozialen Milieus (homo sociologicus):** Wahlentscheidung als Folge von Zugehörigkeit zu bestimmten sozial-moralischen Milieus mit fundamentaler Werteorientierung

Direkte Demokratie

- **in der Schweiz**: halbdirekte Demokratie → Gesetzgebung nicht nur indirekt durch vom Volk gewählte „Vereinigte Bundesversammlung", sondern auch **direkt** durch **Volksinitiativen** und verschiedene **Referenden**
- **in Deutschland:**
  - bisher v. a. auf kommunaler Ebene (Bürgerbegehren), zunehmend auch auf Landesebene, aber große Hürden (Bsp.: Volksbegehren „Deutsche Wohnen & Co. enteignen" in Berlin)
  - auf Bundesebene kaum bis nicht vorhanden
- erwartete **Auswirkungen:**
  - **positiv:** höhere Partizipation der Bürger, gemeinwohlorientiertere Entscheidungen
  - **negativ:** Dominanz der Mittelschicht, dadurch weniger gemeinwohlorientiert, populistische Entscheidungen

Auf einen Blick

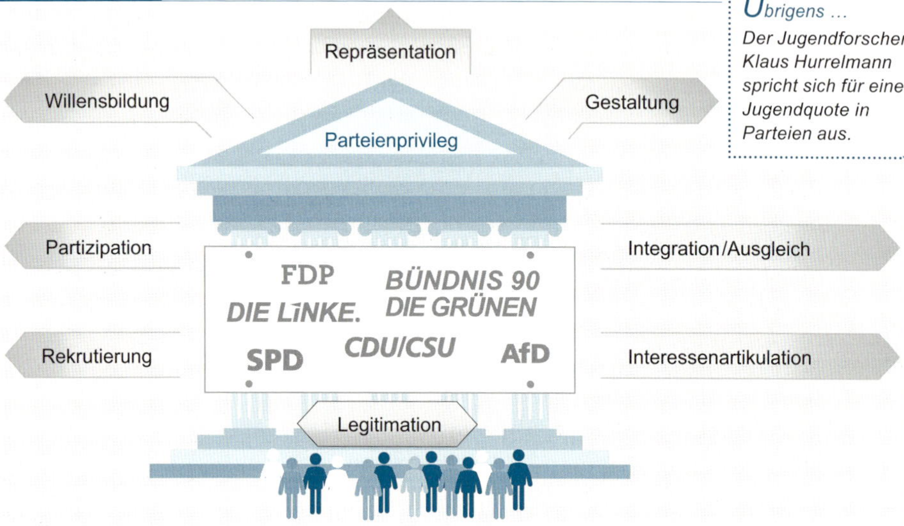

Übrigens ...

Der Jugendforscher Klaus Hurrelmann spricht sich für eine Jugendquote in Parteien aus.

Parteien und Verfassung

- Art. 21 Abs. 1 GG: „*Die Parteien wirken bei der politischen Willensbildung des Volkes mit. Ihre Gründung ist frei. Ihre innere Ordnung muss demokratischen Grundsätzen entsprechen. [...]*"
- **Verfassungsrang** der deutschen Parteien
- Voraussetzungen:
  – Innerparteilich **demokratisch** organisiert
  – **Rechenschaftsablegung** über Herkunft und Verwendung der Mittel

Funktionen von und Kritik an Parteien

Funktionen

- **Auswahl- und Rekrutierungsfunktion:**
  Suche, Ernennung und Rekrutierung der politischen Eliten und Mandatsträger (lokal, kommunal, landesweit, bundesweit)
- **Vermittlungs-** und **Bündelungsfunktion:**
  Sammlung und Moderation verschiedener Interessen innerhalb der Gesellschaft
- **Interessensausgleichsfunktion:**
  Ausgleich verschiedener Interessen innerhalb und außerhalb der Partei
- **Legitimierungsfunktion:**
  durch oben genannte Funktionen Beitrag der Parteien zur Legitimation des politischen Systems und zur Konsensfindung
- außerdem Beitrag zur **politischen Bildung** der Gesellschaft

Kritik

- **Vergabe** öffentlicher Stellen nach **Parteizugehörigkeit**, nicht nach **Qualifikation**
- erheblicher **Einfluss** der Parteien auf die Medien (z. B. durch Mitgliedschaft ihrer Mitglieder in den Rundfunkräten
- öffentliche **Finanzierung** aus Steuergeldern erscheint vielen als zu **hoch**
- **Überforderung** der Parteien mit Mittlerrolle zwischen politischem System und Bürgern
- **geringe Repräsentanz** der Bevölkerung in den Parteien (nur 4 % der Deutschen sind Parteimitglieder)
- **mangelnde innere Demokratie** (vor allem bei Kandidaten- und Listenaufstellung)
- **Mitgliederstruktur:** spiegelt **nicht Querschnitt** der Gesellschaft wider
  - **hohes Durchschnittsalter** (sehr wenige unter 30-Jährige, viele über 60-Jährige)
  - sehr **hoher Männeranteil**

Partei- und Wählertypen

Parteitypen

- nach **ideologisch-politischer Programmatik:**
  linke/sozialdemokratische/sozialistische, grüne, liberale, christdemokratische/konservative und rechtspopulistische Parteien
- nach **Organisationsstruktur:**
  Honoratioren-/Kaderparteien, Massenparteien, professionelle Wählerparteien (heutiger Typ)
  → neben Wählerparteien existieren heute auch Unternehmerparteien (von einzelner Führungspersönlichkeit wie Unternehmen geführt) und Bewegungsparteien (Netzwerk von Aktivisten)
- nach **Anhängerschaft:**
  Klassenparteien (Arbeiterpartei), Klientelpartei, Volkspartei (catch-all party)

Wählertypen

- **Stammwähler*innen:**
  wählen über langen Zeitraum gleiche Partei (meist aus Gewohnheit, ohne spezifisches Interesse an aktuellem Programm), Anteil der Stammwähler*innen rückläufig
- **Wechsel-/ Protestwähler*innen:**
  Zunahme des Anteils der Wechsel-/Protestwähler*innen; Wechselwähler*innen wählen nach Interesse am aktuellen Programm; Protestwähler*innen wählen oft extreme, häufig auch neue Parteien

Parteiensysteme

- aus verschiedenen Parteien ergibt sich sog. **Parteiensystem**
- Erklärung anhand der Cleavage-Theorie:
  - Parteien etablieren sich an **Konfliktlinien** innerhalb der Gesellschaft (Kapital gegen Arbeit, Kirche gegen Staat, Stadt gegen Land, Zentrum gegen Peripherie)
  - **Konfliktlinien** im deutschen **Parteiensystem** (libertär vs. autoritär, sozialer Ausgleich vs. Marktorientierung/Wirtschaftsfreiheit)
  - Entstehung **neuer Parteien** an **neuen Konfliktlinien** (Modernisierung gegen Tradition, Globalisierung gegen Nationalismus, Klimaschutz gegen Leugnung des Klimawandels)

Auf einen Blick

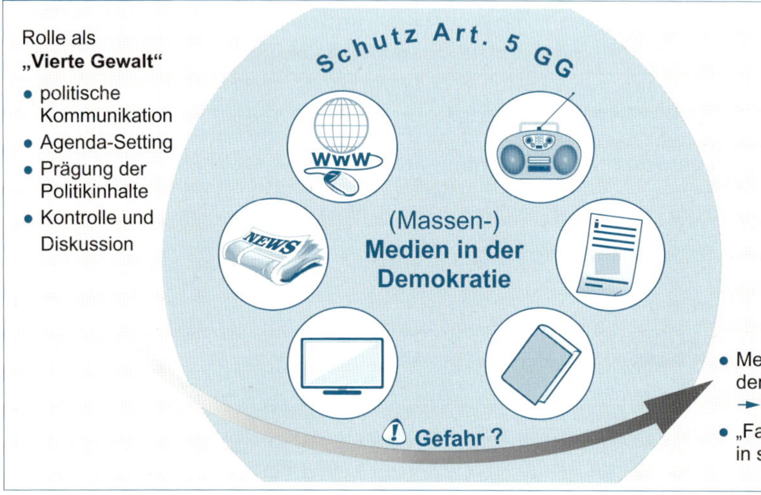

Übrigens …

Das öffentlich-rechtliche Fernsehen ist in Deutschland die Hauptinformationsquelle über das politische Geschehen.

(Massen-)Medien

- **verfassungsrechtliche Stellung der Medien** (Presse, Hörfunk, Fernsehen, Bücher, Flugblätter, soziale Medien/Internet): **Meinungs- und Informationsfreiheit** (Art. 5 GG) → **Verbot der Zensur** (Schranke: Jugendschutz, Verletzung der persönlichen Ehre)
- Funktionen der Medien im politischen Prozess:
  - **„Mittler“-Funktion:** Mittler zwischen Bürgern, Gesellschaft, Wirtschaft und der Politik
  - **Informationsfunktion:** Informationsbeschaffung und -darbietung
  - **Diskurs-/Meinungsbildungsfunktion:** Plattform für Diskussionen
  - **Kritik-/Meinungsäußerungsfunktion:** öffentliche Stellungnahmen
  - **Filterfunktion:** Nachrichtenauswahl
  - **Enthüllungsfunktion:** Aufdecken von Missständen (investigativer Journalismus)
  - **Kommunikationsfunktion:** Verbreitung von Parteiprogrammen und -positionen

Rolle der Massenmedien als „Vierte Gewalt“

- **politische Kommunikation** zwischen Bürgern und Politik größtenteils über **Massenmedien**
- **Agenda-Setting:** Bestimmung der **politischen Relevanz** von Positionen und Meinungen
- Prägung der **Politikinhalte** und der **Art und Weise**, wie Politik dargestellt und gemacht wird
- **Medialisierung:** Institutionalisierung von Medienregeln im politischen System → überspitzt: Medien vermitteln/erschaffen eine eigene politische und soziale Realität
- sozialwissenschaftlicher Begriff der **„Mediokratie“** (= Medienherrschaft; negativ besetzt → Vorrang der medialen Inszenierung vor sachgerechter Erörterung von Problemen)
- aber: **Wirkung der Massenmedien** (Sender) abhängig vom **Empfänger** und dessen Informationsstand/Urteilsvermögen → Förderung u. a. Aufgabe der politischen Bildung

Organisation und Entwicklung der Medienlandschaft

- **„duale Rundfunkordnung“:**
  - öffentlich-rechtliche Rundfunkanstalten (Finanzierung über Beiträge; z. B. ARD, ZDF) und private Hörfunk- und Fernsehanbieter (Finanzierung vorwiegend über Werbung)
  - 14 Landesmedienanstalten: Überwachung der Ausgewogenheit der Programme der privaten Anbieter und Entscheidung über Neuzulassungen
- **privatwirtschaftliche Organisation der Presse** (Finanzierung über Vertrieb und Anzeigen)
- **digitale Macht privater Internetkonzerne** (z. B. Google, Apple, Facebook, Amazon), die auch **eigene Inhalte** produzieren
- zunehmende **Konzentration** im privaten Mediensektor:
  - **horizontal:** Zusammenschlüsse innerhalb eines Marktes (z. B. Fusion von zwei Zeitungen; regionale Zeitungsmonopole)
  - **vertikal:** Zusammenschlüsse von Unternehmen auf vor- oder nachgelagerten Märkten (z. B. Filmstudio kauft Verbreitungskanäle und Fernsehsender)
  - **diagonal:** Zusammenschluss von Medienunternehmen verschiedener Märkte (z. B. einem Unternehmen gehören Zeitungen, Radiostationen, Fernsehsender)
- Problem einer publizistischen Konzentration mit großer Reichweite: Gefahr für die Demokratie aufgrund der möglichen **Meinungsdominanz eines Anbieters**

Digitale Partizipation „Web 2.0“

- **„Web 2.0“:** Internetanwendung, die **Interaktivität** ermöglicht → Internet als Plattform („vernetzte Viele“)
- neue politische Informations- und Partizipationsmöglichkeiten durch soziale Medien, Podcasts und Blogs:
  - User als **Content Provider:** Verbreitung von (eigenen) Inhalten auf sozialen Netzwerken
  - Möglichkeit der **direkten Kommunikation** mit politischen Akteuren
  - **Bedeutungsverlust der klassischen Medien** als Übermittler von Informationen
- Chancen:
  - **politische Mobilisierung vieler** zur Durchsetzung von Bürgerinteressen
  - **Enthüllungen**
  - **direkter Kontakt** mit politischen Akteuren in Diskussionsforen (Bürgernähe)
- Risiken:
  - **Filterblase**/Echokammern: **vorgefilterte Informationen** durch Algorithmen, die die Suchergebnisse/Inhalte dem Nutzerverhalten/den Nutzerinteressen entsprechend individuell auswählen → **„Isolation“ des Users:** User findet nur Beiträge, die ähnliche Meinung vertreten
  - **mangelnde Qualitätssicherung** der Informationen (mögliche Verbreitung von **Fake News**)
  - **„digitale Spaltung“:** anfangs vor allem Beteiligung v. a. von jüngeren Menschen mit hohem Bildungsstand und gutem Einkommen (eingeschränkte Repräsentation allgemeiner Interessen)
  - mittlerweile Trend zu immer mehr **Hasskommentaren** und **Verbreitung** von **FakeNews** in den Kommentarspalten der sozialen Medien

Auf einen Blick

Übrigens ... Die Fridays-for-Future-Bewegung hat sich von Schweden aus innerhalb eines Jahres weltweit ausgebreitet.

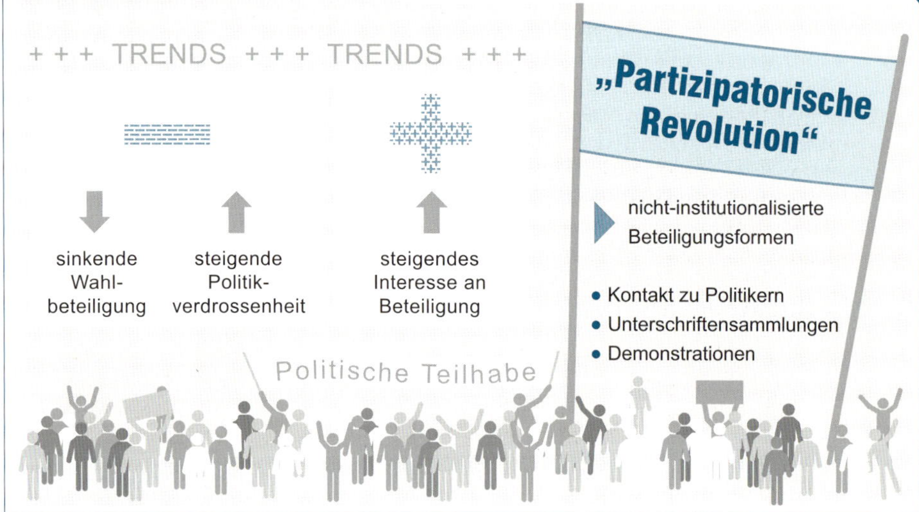

Allgemeine Trends

- **sinkende Wahlbeteiligung**, zunehmende **Politikverdrossenheit**, wachsende **Unzufriedenheit** mit den Politikergebnissen; aber: **gesteigertes Interesse** an Beteiligung und Engagement
- **„Partizipatorische Revolution":** starke Ausweitung des Repertoires der Beteiligungsformen → **nicht-institutionalisierte Beteiligungsformen** wie Kontakt zu Politiker*innen, Unterschriftensammlungen, Demonstrationen sind von zunehmend stärkerer Bedeutung
- **Bildungsgefälle** über alle politischen Beteiligungsformen hinweg (Überrepräsentation von Menschen mit Hochschulbildung; „sozial induzierte Ungleichheit")
- **erleichterte Beteiligungsmöglichkeiten** durch die „**Neuen Medien**"

Wahlbeteiligung

- Wahlbeteiligung = **Anteil der Wahlberechtigten**, die von ihrem **Wahlrecht Gebrauch** machen; auch die Abgabe ungültiger Wahlzettel wird als Beteiligung an der Wahl gewertet
- bei **Bundestagswahlen relativ hohe Wahlbeteiligung:** Bundestagswahl 2021: 76,6 %
- bei den Wahlen zum Europäischen Parlament liegt seit der ersten Wahl 1979 die Wahlbeteiligung zwischen 43,0 % (2004) und 65,7 % (1979); Europawahl 2019: 61,4 %
- Beteiligung an den **Landtagswahlen in Deutschland:** im Durchschnitt 65,4 %; Beteiligung bei der letzten Landtagswahl in Baden-Württemberg (2021) 63,8 %
- **allgemeine/gesamteuropäische Trends:** sinkende Wahlbeteiligung, starke Wahlhierarchisierung (höhere Wahlbeteiligung an nationalen Wahlen), zunehmend sozial ungleiche Wahlbeteiligung (Unterrepräsentation der Interessen sozial schwächerer Gesellschaftsgruppen) → **Repräsentations- und Legitimationskrise der repräsentativen Demokratie?**

- **Gründe für sinkende Wahlbeteiligung:**
  - Parteien- und Politikverdrossenheit
  - soziale und ökonomische Unzufriedenheit (Protest-Nichtwahl statt Protestwahl)
  - geringes Vertrauen in die staatliche Souveränität und die Wirksamkeit der Stimmabgabe
  - mangelnde Unterscheidbarkeit des Angebots v. a. der Volksparteien
  - Entfremdung der Politik von den Wähler*innen
  - undurchsichtiger Einfluss durch Lobbyismus und internationalen Organisationen auf Politiker*innen/politische Entscheidungsträger*innen
- **wenig Jungwähler*innen:** Jungwähler*innen sind unterrepräsentiert; demografiebedingt („Überalterung" der Gesellschaft), aber auch geringere Wahlbeteiligung im Vergleich zur Gesamtbevölkerung (Bundestagswahl 2021: Wahlbeteiligung insgesamt 76,6 %; Wahlbeteiligung der 21- bis 24-Jährigen 71 %)
- Diskussion über die Einführung einer **Wahlpflicht**

Parteiarbeit/Mitarbeit in Bürgerinitiativen

- **langfristige Trends:** Mitgliederverlust bei allen im Bundestag vertretenen Parteien, außer Bündnis 90/Die Grünen und AfD; seit 1990 hat sich die Zahl der Mitglieder parteiübergreifend knapp halbiert
- **Mitgliederverluste** seit 1990 bis Ende 2019: Die Linke 78 % (gegenüber PDS Ende 1990); FDP 61 %, SPD 56 %, CDU 49 % und CSU 26 %; **Mitgliedergewinn:** Bündnis 90/Die Grünen 134 %, AfD (seit Gründung 2013) 50 %
- **Mitarbeit in Bürgerinitiativen:** Engagement weitgehend konstant

Weitere Formen der Partizipation außerhalb politischer Institutionen

- **Unterschriftensammlung:** häufigste Form politischer Teilhabe außerhalb politischer Institutionen; Zunahme im Zeitraum von 2003 bis 2016 um 8 Prozentpunkte
- **Kontaktaufnahme zu Politiker*innen:** leichte Zunahme gegenüber 2003
- **Demonstrationen:** ähnliches Niveau wie 2003; stärkere Teilnahme der jüngeren Generation (unter 30 Jahre)
- **Zukunftswerkstatt:** Methode, um mit neuen Ideen Lösungen für gesellschaftliche Probleme zu finden
- **Beteiligungshaushalt:** direkte Art von Bürger*innenbeteiligung, bei der Bürger*innen über die Verwendung eines Teils der Haushaltsmittel einer Verwaltungseinheit (Gemeinde, Landkreis) abstimmen können
- **Beteiligungsportal:** Möglichkeiten für Bürger*innen, bei bestimmten Themen mitzudiskutieren und ihre Expertise einzubringen

Beurteilungskriterien unterschiedlicher Partizipationsformen

- **Repräsentativität:** Wird die gesamte Bevölkerung in demografischer (z. B. Alter, Geschlecht, Region) und sozialer (z. B. Bildungsabschluss, Einkommen, Religion) Hinsicht ausreichend repräsentiert?
- **Erfolgschancen:** Wird diese Form der Partizipation wahrgenommen? Kann tatsächlich Einfluss ausgeübt werden?
- **gesellschaftliches Integrationspotenzial:** Inwieweit werden einzelne Bevölkerungsgruppen in den politischen Prozess eingebunden?

Auf einen Blick

Übrigens … Die Abberufbarkeit der Regierung durch das Parlament ist das zentrale Strukturprinzip des parlamentarischen Regierungssystems.

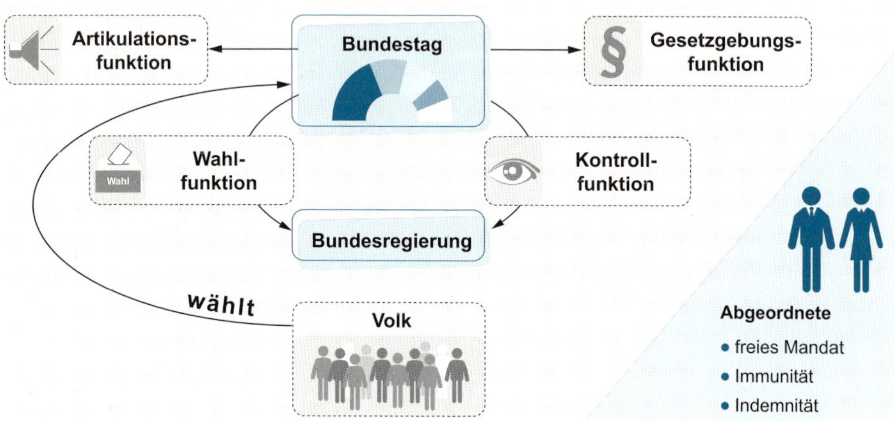

Bundestag

- Repräsentativorgan/**Volksvertretung** der Bundesrepublik; „Herzstück der Demokratie"
- **direkte Wahl** der Bundestagsabgeordneten; **Wahlturnus:** vier Jahre
- **Fraktion:** Teil einer Partei, der im Parlament personell vertreten ist; Minimum: 5 % der Sitze
- Arbeit überwiegend in **(Fach-)Ausschüssen**; Aushandlung und Beratung von Gesetzen; **Ausschuss-/Arbeitsparlament** (↔ Redeparlament; z. B. Unterhaus Großbritannien)
- vorgeschriebene **ständige Ausschüsse:** Angelegenheiten der EU, Auswärtige Angelegenheiten, Verteidigung und Petitionsausschuss; i. d. R. ein Fachausschuss zu jedem Bundesministerium
- Möglichkeit der Einsetzung von Untersuchungs- und Sonderausschüssen sowie Enquetekommissionen
- Zentrale Aufgaben des Bundestags:
  - **Wahlfunktion:** Wahl des Bundeskanzlers bzw. der Bundeskanzlerin und des bzw. der Datenschutz- und Wehrbeauftragten, Mitwirkung bei der Wahl des Bundespräsidenten bzw. der Bundespräsidentin und der Richter*innen des Bundesverfassungsgerichts
  - **Gesetzgebungsfunktion:** Gesetzesinitiative, Stellungnahme zu Initiativen des Bundesrats/der Bundesregierung, Verabschiedung von Gesetzen
  - **Kontrollfunktion:** Kontrolle der Regierung mittels kleiner/großer Anfragen und Untersuchungsausschüssen, konstruktives Misstrauensvotum, Anhörungen
    → Kontrollfunktion wird vor allem von den **Oppositionsparteien** ausgeübt
  - **Artikulations-/Diskussionsfunktion:** öffentliches Diskussionsforum der verschiedenen Parteien (Beitrag zur Meinungsbildung), Repräsentation des Wählerwillens
- Stellung der Bundestagsabgeordneten:
  - **Freies Mandat:** Abgeordnete sind nicht an Weisungen gebunden (Art. 38 GG) (↔ Widerspruch zur Fraktionsdisziplin; Fraktionsdisziplin = gewisse Verpflichtung zur einheitlichen Stimmabgabe der Fraktionsmitglieder → ermöglicht Stabilität und Zuverlässigkeit bei der Beschlussfassung sowie ein klares Profil der Partei)

- Schutz der **Unabhängigkeit der Abgeordneten:**
  Immunität: Abgeordnete können nur mit Genehmigung des Deutschen Bundestags wegen einer strafbaren Handlung zur Verantwortung gezogen und verhaftet werden; Immunität kann vom Bundestag aufgehoben werden
  Indemnität: Abgeordnete dürfen wegen Abstimmungen oder Äußerungen im Bundestag/in der Fraktion/in einem Ausschuss nicht gerichtlich oder dienstlich verfolgt oder außerhalb des Parlaments zur Verantwortung gezogen werden; ausgenommen: verleumderische Beleidigungen; Indemnität kann **nicht** vom Bundestag aufgehoben werden

Bundesregierung

- **Exekutivorgan:** Umsetzung des parlamentarischen Willens in praktische politische Maßnahmen; Recht zur **Gesetzesinitiative**
- Zusammensetzung der Bundesregierung: **Bundeskanzler*in** und **Bundesminister*innen**
- **Wahl des Bundeskanzlers** bzw. der Bundeskanzlerin auf Vorschlag des Bundespräsidenten **durch den Bundestag** (**Gewaltenverschränkung:** Bundesregierung geht aus dem Bundestag hervor!)
- Vorschlag der Bundesminister*innen durch den Bundeskanzler bzw. die Bundeskanzlerin; Ernennung durch den Bundespräsidenten bzw. die Bundespräsidentin
- **Arbeitsweise der Bundesregierung:**
  - **Kanzlerprinzip:** der Bundeskanzler bzw. Bundeskanzlerin bestimmt die grundlegende politische Ausrichtung **(Richtlinienkompetenz)** und trägt dafür Verantwortung (Sanktionsmöglichkeiten des Parlaments); er/sie bestimmt über Anzahl und Struktur der Ministerien **(Organisationsgewalt)**
    → besondere Machtstellung des Bundeskanzlers bzw. der Bundeskanzlerin („Kanzlerdemokratie")
  - **Ressortprinzip:** innerhalb der Richtlinien Eigenverantwortung der Minister*innen für „ihr" Ressort
  - **Kollegialprinzip:** Entscheidungen werden im Kabinett getroffen; bei Meinungsverschiedenheiten ist der Bundeskanzler bzw. die Bundeskanzlerin „Erster unter Gleichen" → er/sie entscheidet
- **Anlass für Regierungswechsel:** Ablauf der Legislaturperiode; konstruktives Misstrauensvotum durch den Bundestag mit Wahl eines neuen Bundeskanzlers bzw. einer neuen Bundeskanzlerin; Vertrauensfrage durch den Bundeskanzler bzw. die Bundeskanzlerin ggf. mit Auflösung des Bundestags und Neuwahlen

Verhältnis Parlament und Regierung

- Aufhebung des „**alten Dualismus**" von Exekutive und Legislative
  → **Gewaltenverschränkung:** Parlament und Regierung eng verwoben (Wahl der Regierung durch den Bundestag/Abwählbarkeit der Regierung); Regierungsmitglieder können auch Bundestagsabgeordnete sein (Kompatibilität)
- Parlamentsmehrheit und Regierung als **Funktionseinheit**
- **neuer Dualismus:** Prinzip institutionalisierter Opposition → Dualismus von Regierung/Parlamentsmehrheit und Opposition

Auf einen Blick

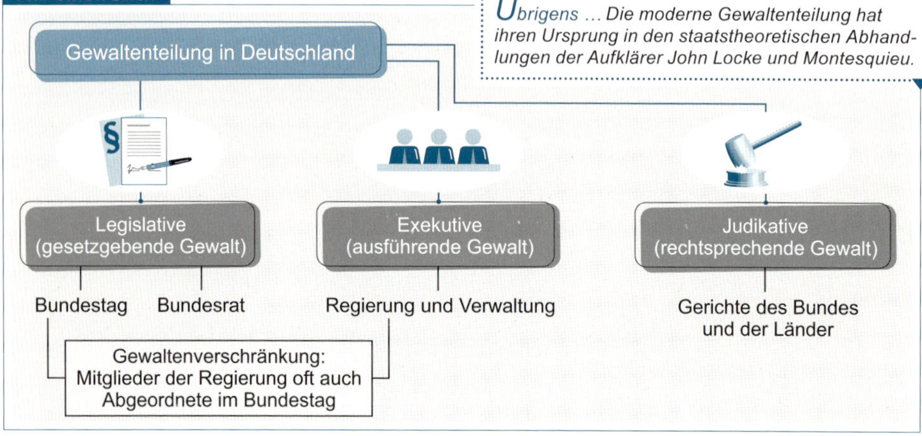

Übrigens … Die moderne Gewaltenteilung hat ihren Ursprung in den staatstheoretischen Abhandlungen der Aufklärer John Locke und Montesquieu.

Gewaltenteilung

- Art. 20 Abs.2 GG: „*Alle Staatsgewalt geht vom Volke aus. Sie wird […] durch besondere Organe der Gesetzgebung, der vollziehenden Gewalt und der Rechtsprechung ausgeübt*“
- **Machtbegrenzung** durch **drei Gewalten:**
  - **Legislative** (gesetzgebende Gewalt): Bundestag und Bundesrat verabschieden Gesetze
  - **Exekutive** (ausführende Gewalt): Regierung und Verwaltung führen die Gesetze aus
  - **Judikative** (rechtsprechende Gewalt): Rechtsprechung durch Gerichte des Bundes (Bundesverfassungsgericht) und der Länder

  → Verflechtung und gegenseitige Kontrolle verhindern eine zu große Macht für einzelne Gewalten
- **Gewaltenverschränkung:** Organe der Legislative und Exekutive in Deutschland nicht klar voneinander getrennt; Regierungsmitglieder meist auch Abgeordnete des Bundestages

Gesetzgebungsverfahren

- Akteure mit dem Recht, Gesetzesvorschläge in Bundestag einzubringen **(Gesetzesinitiative)**: Bundesregierung, Bundestagsabgeordnete, Bundesrat
- **zwei Arten** von Gesetzen: Zustimmungsgesetze vs. Einspruchsgesetze → Rolle des Bundesrats

Behandlung und Verabschiedung im Bundestag

- **mehrere Schritte** im Bundestag
  - erste Lesung: allgemeine Debatte im Bundestag
  - zuständige Ausschüsse: Experten der Fraktionen debattieren Details, evtl. auch Anhörung von unabhängigen Experten
  - zweite Lesung: Debatte zu Ergebnissen der Ausschüsse (Einzelfragen, Änderungsvorschläge)
  - dritte Lesung: abschließende Diskussion und Schlussabstimmung

Rolle des Bundesrates

- nach erfolgreicher Abstimmung im Bundestag wird Gesetz an Bundesrat weitergeleitet → je nach Art des Gesetzes verschiedene Möglichkeiten
- bei **Zustimmungsgesetz:**
  - Zustimmung: Gesetz wird verabschiedet
  - keine Zustimmung: Weiterleitung an Vermittlungsausschuss → dort evtl. ausgehandelter Kompromiss wird wieder in Bundestag und Bundesrat verhandelt → Gesetz tritt in Kraft, wenn beide zustimmen
- bei **Einspruchsgesetz:**
  - Bundesrat kann Einspruch erheben
  - Bundestag kann Einspruch mit gleicher Mehrheit wieder aufheben

Ausfertigung und Veröffentlichung

- nach Verabschiedung durch Bundestag und Bundesrat **Unterzeichnung** des Gesetzes durch **Bundeskanzler*in** und zuständige*n **Bundesminister*in**
- anschließend Beurkundung durch Bundespräsident*in und Veröffentlichung im Bundesgesetzblatt
- Inkrafttreten 14 Tage nach Verkündigung

Bundesverfassungsgericht und Europäischer Gerichtshof

Bundesverfassungsgericht

- Sitz: Karlsruhe
- Aufbau: Präsident*in, Vizepräsident*in, zwei Senate, sechs Kammern, je acht Richter*innen pro Senat
- Wahl der Richter*innen: je zur Hälfte durch Bundestag und Bundesrat
- Aufgaben:
  - Entscheidung über **Verfassungsbeschwerden**
  - Klärung von **Streitigkeiten zwischen Bundesorganen** oder Bund und Ländern
  - Überwachung der Vereinbarkeit von Bundes- und Landesrecht und dem Grundgesetz
  - Überprüfung der **Verfassungswidrigkeit** und evtl. **Verbot** von **Parteien**

Europäischer Gerichtshof (EuGH)

- Sitz: Luxemburg
- Aufbau: ein*e Richter*in aus jedem Mitgliedsland der EU, aus deren Kreis Wahl eines Präsidenten bzw. einer Präsidentin (für drei Jahre)
- Wahl der Richter*innen: durch einstimmigen Beschluss der Regierung des Herkunftslandes
- Aufgaben als
  - **Verfassungsgericht** (Streit zwischen EU-Organen, Rechtmäßigkeit der EU-Gesetzgebung, Nichtigkeitsklagen)
  - **Verwaltungsgericht** (EU-Rechts-konformes Handeln von EU-Kommission und Behörden der Mitgliedsstaaten, Untätigkeitsklagen, Vertragsverletzungsverfahren)
  - **Arbeits-** und **Sozialgericht** (Freizügigkeit, soziale Sicherheit, Gleichbehandlung)
  - **Strafgericht** (Bußgeldentscheidungen der EU-Kommission)
  - **Zivilgericht** (Schadensersatzklagen)
- nicht zu verwechseln mit dem Europäischen Gerichtshof für Menschenrechte (EGMR)

Auf einen Blick

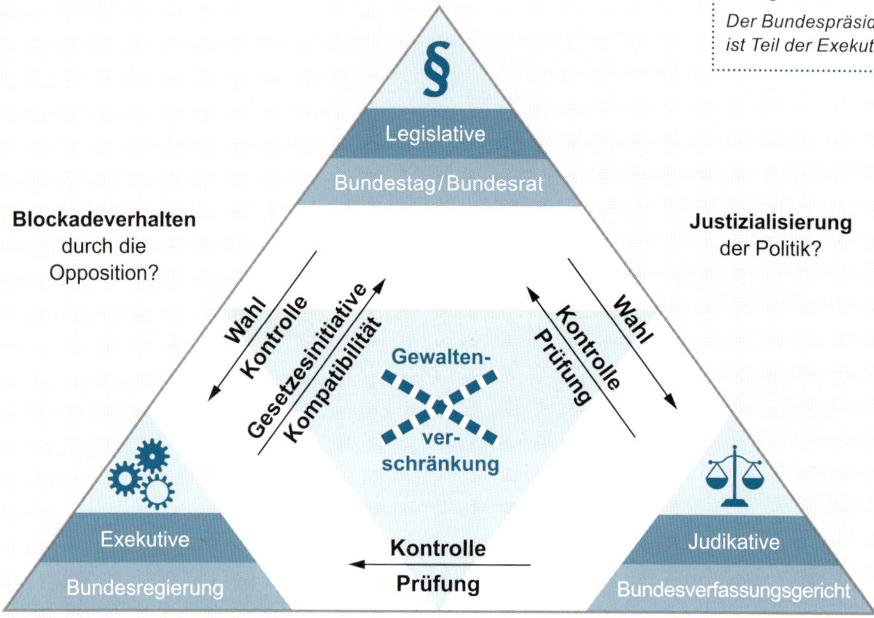

Übrigens …
Der Bundespräsident ist Teil der Exekutive.

Bundesrat

- **Vertretung der Bundesländer** (föderatives Organ) auf Bundesebene; „**Zweite Kammer**" des Parlaments
- Entsendung der Mitglieder des Bundesrats durch die einzelnen Landesregierungen (**Stimmgewichtung:** je nach Größe 3 bis 6 Landesvertreter; **einheitliche Stimmabgabe** je Land)
- 16 Fachausschüsse, in denen in der Regel die jeweils zuständigen Fachminister/Ministerialbeamte vertreten sind; je Land eine Stimme
- zentrale Funktionen:
  - **Mitwirkung an der Gesetzgebung:** bei der Verabschiedung von **Zustimmungsgesetzen** (Gesetze, die die Interessen der Länder berühren) **muss** der Bundesrat zustimmen (Vetorecht); bei **Einspruchsgesetzen** kann der Bundesrat Einspruch erheben, der jedoch vom Bundestag überstimmt werden kann; **Recht zur Gesetzesinitiative**
  - **Beratungsfunktion:** als ausführende Organe liefern die Länder Impulse zur Sicherung der Durchführbarkeit der Bundesgesetze und zur Wahrung der Länderinteressen
  - **Kontrollfunktion** gegenüber Bundestag und -regierung; Schutz der Länderkompetenzen
- Bundesrat als **Vetospieler:** Ausgleich der Bund- und Länderinteressen
- Kritik: Bundesrat als **Reformblockade** (vor allem bei unterschiedlichen parteipolitischen Mehrheitsverhältnissen in Bundestag und Bundesrat)

Europäisches Parlament

- **supranationale** Institution
- **Wahl:** alle fünf Jahre **direkt von den Bürgern** der Mitgliedstaaten
- **Zusammensetzung:** jeder Mitgliedstaat verfügt über **mindestens sechs und höchstens 96 Sitze** (Anzahl vertraglich festgelegt) → seit 2014 kein Überschreiten der **Gesamtzahl** von 751 Mitgliedern
- Sitz des Parlaments: Straßburg
- einige **wichtige Aufgaben** des Europäischen Parlaments
  - **Gesetzgebungsfunktion** (mit dem Rat der EU): ordentliches Gesetzgebungsverfahren (vgl. S. 24); Parlament hat kein Initiativrecht
  - **Budgetierungsfunktion** (mit dem Rat der EU): Aufstellung des Haushaltsplans
  - **Wahlfunktion:** Wahl des vom Europäischen Rat vorgeschlagenen Präsidenten der EU-Kommission; Bestätigung der Kandidaten für die Kommission; Parlament kann die Kommission als Ganzes ablehnen oder durch ein Misstrauensvotum zum Rücktritt zwingen
  - **Kontrollfunktion:** der Rat der EU, die Kommission und die EZB müssen dem Parlament Bericht erstatten; das Parlament kann auch Anfragen an die Organe richten, Untersuchungsausschüsse einsetzen oder Klage beim EuGH einreichen

EU-Normen

- **Bedeutung von Normierungen** in der EU: sehr groß; über 90 % der Normungsvorhaben, die Deutschland betreffen, stammen inzwischen von der EU
- häufige Kritik: „**Überregulierung**" (z. B. Verbot von offenen Ölkännchen in der Gastronomie → inzwischen zurückgenommen): deshalb regelmäßige Überprüfung der Zweckhaftigkeit (meist alle 5 Jahre)

Richtlinien und Verordnungen

- zwei Arten der Überführung von **Normen** in konkretes Recht
  - **Richtlinien:** Rechtsakte der Union, die den einzelnen Staaten gewisse Freiräume in der Umsetzung lassen; erst mit der Umsetzung (innerhalb einer Frist) wird der Inhalt der Richtlinie Teil der jeweiligen nationalen Rechtsordnung
  - **Verordnungen:** müssen nicht durch nationale Rechtsakte umgesetzt werden; direkt wirksam
- **Erlass** von Richtlinien und Verordnungen: durch das **ordentliche Gesetzgebungsverfahren** der EU
- Vorgabe: gesetzliche Neuregelungen müssen mit dem Wesensgehalt des Grundgesetzes vereinbar sein (bei Zweifeln kann das **Bundesverfassungsgericht** herangezogen werden)
- **Häufige Frage:** Wer hat nun schlussendlich das letzte Wort: die **Nationalstaaten** oder die **EU?**
  - grundsätzlich haben die Mitgliedstaaten weiterhin Gestaltungsspielraum
  - das Grundgesetz regelt sowohl das innerdeutsche Verfahren zur **Übertragung von Hoheitsrechten an die EU** (Art. 23 I 2 GG) als auch die Beteiligung des Bundesrates und des Bundestages an Rechtsetzungsakten innerhalb der EU

Auf einen Blick

Übrigens … Der Großteil der Bevölkerung ist der Meinung, dass Lobbyismus in Deutschland stärker reguliert werden muss.

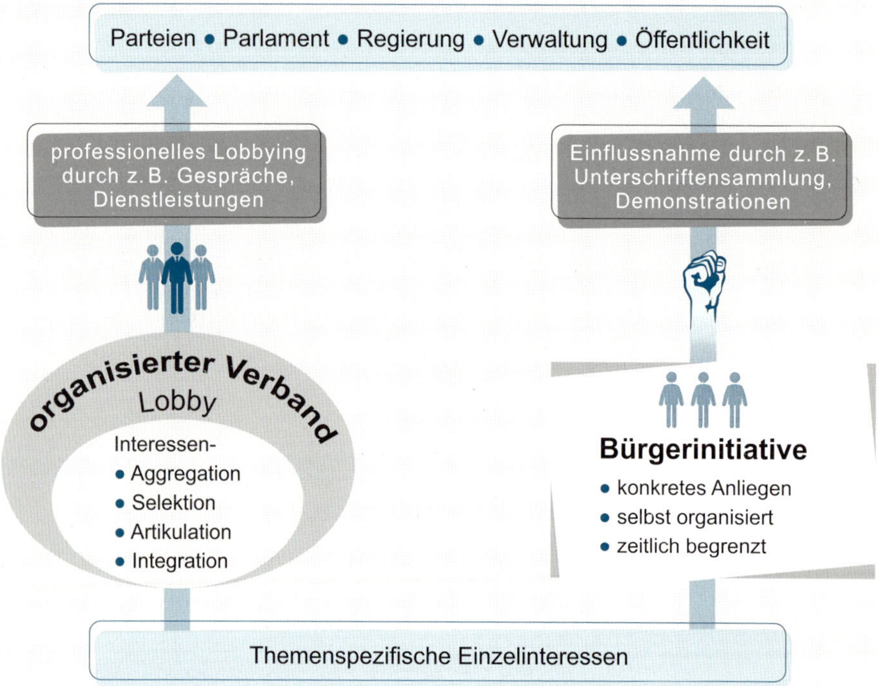

Interessenverbände

- **Art. 9 GG (Vereinigungsfreiheit):** verfassungsrechtlicher Schutz des Zusammenschlusses von Bürgern zu Vereinigungen; Voraussetzung: keine Gefährdung der verfassungsmäßigen Ordnung durch deren Zielsetzung
- **Interessenverband:** dauerhafter Zusammenschluss von Personen mit dem Ziel, gemeinsame Interessen durchzusetzen (themenspezifisch) → Chance zur Durchsetzung partikularer Interessen; Repräsentation der gesellschaftlichen Vielfalt in einer pluralistischen Gesellschaft
- Verbände nach den Parteien **wichtigste Vermittlungsinstanz** zwischen Bevölkerung und Staat

Bürgerinitiativen

- **Bürgerinitiative:** breit angelegte Form der Selbstorganisation von Bürgern; zeitlich begrenzt zur Ausübung öffentlichen Drucks (informelle Macht) auf politische Entscheidungsträger in konkreten Angelegenheiten; meist auf kommunaler Ebene (aber auch national/europaweit)
- **Problem:** Benachteiligung weniger privilegierter Bevölkerungsschichten; Teilnehmer überwiegend gut ausgebildet und wohlhabend

Politische Einflussnahme durch Interessenverbände

- **Lobbyismus:** Versuch der Vertreter*innen von Interessengruppen (Lobbyisten), auf Beamte und Abgeordnete Einfluss zu nehmen

Adressaten der Einflussnahme

- **Öffentlichkeit:** Öffentlichkeitsarbeit über Presse, Radio und Fernsehen; Bereitstellen von Informationen; Pressekonferenzen/Stellungnahmen zu politischen Entscheidungen und Issues
- **Parteiarbeit:** Nähe zu Parteien; Unterstützung bei Wahlkämpfen → Ziel: Berücksichtigung der Verbandsziele im Parteiprogramm
- **Parlament:** Kontakt zu Abgeordneten; Erwerb von Abgeordnetenmandaten → Besetzung der jeweils themenbezogenen Ausschüsse durch Verbandsmitglieder
- **Regierung und Bürokratie:** Ministerialbürokratie als wichtigster Kontakt für Lobbyisten, da hier Gesetzesentwürfe und Entwürfe für Verordnungen angefertigt werden → Einfluss bereits im Prozess des Agendasettings (vgl. Politikzyklus; Hinweis: Die Mitwirkung von Interessenverbänden ist in den Geschäftsordnungen von Bundestag und Bundesregierung explizit vorgesehen, da sie über Expertenwissen verfügen.)
- **EU:** Einwirken europäischer Dachverbände auf die Entscheidungsprozesse in der EU

Kritik

- **unterschiedliche Durchsetzungskraft:** Einfluss der Verbände abhängig von der Mitgliederzahl, dem Organisationsgrad, der finanziellen Ausstattung sowie den Beziehungen → **Benachteiligung einzelner gesellschaftlicher Gruppen**, die sich nicht oder nur schwer organisieren können (z. B. Kinder, alte Menschen, Hausfrauen)
- **Intransparenz politischer Entscheidungen:** (undurchsichtige) Einflussnahme organisierter Interessengruppen auf Exekutive und Legislative zur Durchsetzung von Sonderinteressen → sinkende Akzeptanz demokratisch legitimierter Entscheidungen bei den Bürgern
- **Dominanz der Interessen einflussreicher Verbandsfunktionäre:** innere Ordnung von Verbänden ist oft nur formal demokratisch, sodass mächtige Funktionäre unter Umständen in erster Linie ihre Einzelinteressen verfolgen (↔ Parteien)
- **Blockade notwendiger politischer Reformen:** zukunftsweisende politische Entscheidungen, die nicht den Interessen mächtiger Verbände entsprechen, werden von diesen be-/verhindert

Pluralismusmodell nach Ernst Fraenkel (1898 – 1975)

- **realistisches Menschenbild:** Mensch in der offenen Gesellschaft agiert interessengeleitet **(Partikularinteressen)** und ist Mitglied verschiedener Gruppen **(heterogene Gesellschaftsstruktur)** → Konflikte legitim und notwendig (↔ totalitäres System)
- Basiskonsens über die **Grundwerte des Zusammenlebens** und Akzeptanz grundlegender **Spielregeln der politischen Auseinandersetzung** zum Erhalt des pluralistischen Systems
- **Annahme:** Konflikte zwischen den Interessengruppen münden in einen Konsens → gesellschaftliches Gleichgewicht; Definition des Gemeinwohls **a posteriori („im Nachhinein")**
- politische Willensbildungs- und Entscheidungsprozesse durch Abgeordnete nach dem Mehrheitsprinzip; Wirken einer Vielzahl von Parteien und Interessengruppen
- **Aufgabe des Staates:** Ausgleich der Benachteiligung schwacher Interessen
- **Kritik:** Machtungleichgewicht → Dominanz der Interessen der Organisationselite; Spielregeln und Auslegung der Grundwerte „beliebig" (z. B. Missachtung sozialer Gerechtigkeit)
- Pluralismus als zentraler **Leitgedanke demokratischer Gesellschaften**